rororo sport
Herausgegeben von Bernd Gottwald

Training · Technik · Taktik

H. Budinger
W. Hillmann
W. Strödter

HOCKEY

Mit Bildreihen und Fotos
von Horst Lichte

Rowohlt

Originalausgabe

Lektorat Burghard König
Umschlaggestaltung Peter Wippermann/Jürgen Kaffer
(Foto: Vandystadt/FOCUS)
Redaktionsassistenz und Layout Angelika Weinert
Graphik Karin Kasdorf
Veröffentlicht im Rowohlt Taschenbuch Verlag GmbH,
Reinbek bei Hamburg, Februar 1980
Copyright © 1980 Text und Abbildungen
by Rowohlt Taschenbuch Verlag GmbH, Reinbek bei Hamburg
Alle Rechte vorbehalten
Satz Times (Linotron 404)
Gesamtherstellung Clausen & Bosse, Leck
Printed in Germany
1480-ISBN 3 499 17035 3

Überarbeitete Auflage:
23.–25. Tausend November 1989

Inhalt

Vom Stockballspiel zum Sportspiel Hockey   9

Training   15
Trainingsmethodik der ersten Phase   17
   Spielreihe 17 / Übungsreihen 21
Trainingsmethodik der zweiten Phase   22
Trainingsmethodik der dritten Phase   22
Jahresplan und Periodisierung   23
Athletiktraining   27
   Krafttraining 27 / Ausdauertraining 29 / Schnelligkeitstraining 31/
   Beweglichkeitstraining 32 / Gewandtheitstraining 34

Feldhockey   35
Geräte und Regeln   36

Spieltechnisches Training   39
Laufen mit dem Ball   43
   Anhalten des Balls aus dem Vorhandseitführen 45 / Vorhandseitführen mit Kurvenlaufen 46 / Indisches Dribbling 48
Passen und Stoppen des Balls   50
   Vorhandschiebepaß aus der Frontalstellung 51 / Vorhandschiebepaß aus der Seitstellung 53 / Rückhandschiebepaß aus der Seitstellung 54 / Vorhandschiebepaß aus dem Lauf 56 / Ballannahme
   in der Bewegung 59

Schlagen des Balls	61
Vorhandschlag 61 / Vorhandschlag aus dem Lauf geradeaus 62 / Vorhandschlag aus der Körperdrehung 64 / Vorhand- und Rückhandpaß aus dem Lauf 65 / Vorhandquerpaß nach links 66 / Rückhandquerpaß nach rechts 67 / Angetäuschter Vorhand- und Rückhandpaß 69	
Heben des Balls	70
Schlenzen des Balls	72
Schlenzen aus dem Lauf 73	
Abwehrtechniken	74
Vorhandabwehrschlag 74 / Stechen 76 / Rückhandabwehrschlag 77	
Umspielen	78
Umspielen Vorhand 79 / Umspielen Rückhand 80 / Angetäuschtes Umspielen 81	
Spieltaktisches Training	85
Einzelangriff	87
Freilaufen	89
Kombinationen	95
Überzahlangriff	100
Positionsangriff	103
Mannschaftssysteme	106
Abwehrtaktik	110
Manndeckung	112
Eckentaktik	116
Kurze Ecke 116 / Lange Ecke 120	
7-Meter	122
Hallenhockey	125
Geräte und Regeln	125
Spieltechnisches Training	127
Ballführung	128
Vorhandseitführen 128 / Vorhand-Rückhand-Ballführung (Indisches Dribbling) 129 / Zur Anwendung der verschiedenen Ballführungsarten 130	
Passen und Annehmen des Balls	132
Vorhand- und Rückhandschiebepässe 133 / Pässe aus dem Vorhand-Rückhand-Dribbling 140 / Pässe mit Hilfe der Bande 142 / Vorhand- und Rückhandballannahme im Stand 144 / Vorhand- und Rückhandballannahme im Lauf 150	

Inhalt

Umspielen	152
Umspielen durch Vorbeischieben 153 / Umspielen mit Hilfe der Bande 154 / Zum Erlernen des Umspielens 156	
Abwehrtechniken	157
Begleitende Abwehr und Herausspielen des Balls 158 / Begleitende Abwehr und Abfangen des Balls 159	
Torschuß	161
Schiebeball 161 / Schlenzball 161 / Zum Erlernen des Schlenzballs 163 / Hebeball 165 / Stechen 166 / Zum Erlernen der Torschußarten 167	
Torwarttraining	170
Stellungsspiel 170 / Kicken 172 / Abwehr mit den Schienen 172 / Abwehr mit dem Schläger 172 / Abwehr mit der Hand 174	

Spieltaktisches Training 177
Formationen 177
  3-2-Formation 177 / 2-1-2-Formation 177 / 2-3-Formation 178
Individuelle Taktik des Angriffs 178
Gruppentaktik des Angriffs 181
Mannschaftstaktik des Angriffs 183
  Defensivtaktik 184 / Offensivtaktik 184 / Powerplay 185 / Überzahlangriff 185 / Positionsangriff 190
Individuelle Taktik der Abwehr 194
Gruppentaktik der Abwehr 194
Mannschaftstaktik der Abwehr 196
  Raumdeckung 196 / Manndeckung 197 /
  Raum-Mann-Deckung 197 / Abwehr von Überzahlangriffen 198
Eckentaktik 202
  Ausführung der Strafecke 202 / Abwehr der Strafecke 203
7-Meter-Ball 207
Timing im Spiel 209
Spielerwechsel 210
Spielbeobachtung 211

Anhang 213
Anschriften 213
Literaturhinweise 215
Über die Verfasser 216
Sachregister 217

Zeichenerklärung Hintere Umschlaginnenseite

Vom Stockballspiel zum Sportspiel Hockey

Ursprünge der Stockballspiele
Das Spiel mit Stock und Ball führte bereits im Altertum zu Spielformen, die hockeyähnlichen Charakter hatten. Nachforschungen der Historiker liefern Beweise dafür, daß schon vor Christi Geburt Stock und Ball die Menschen zum Spielen anregten. Kraft, Schnelligkeit und Geschicklichkeit zeichneten dabei die Erfolgreichen aus. Persien gilt nach den ältesten urkundlichen Nachweisen als Ursprungsland der Spiele mit Stock und Ball. Bis heute ist jedoch nicht bekannt, wie die Spiele abliefen. Wir sind deshalb auf Überlieferungen angewiesen, die über unterschiedliche Gliederungen und Spielgedanken der sich gegenüberstehenden Parteien berichten. Das Spielen mit gekrümmten Stöcken und Bällen unterschiedlichster Art wird dabei als ältestes und zugleich populärstes Spiel bezeichnet.
Besonderer Beliebtheit erfreute sich bei den Naturvölkern das Spiel mit Stock und Ball zu Pferde. Auf Reiterstämme, die bei ihren kriegerischen Wettkämpfen in mutigen und geschickten Handlungen wichtige Eigenschaften sahen, übte das Spiel mit Stock und Ball einen besonderen Reiz aus. In Tibet entstand daraus schließlich das Polospiel, das heute noch in vielen Ländern gespielt wird.
Außer in den asiatischen Ländern, aus denen wir die meisten Informationen über die Hockeyspiele erhielten, fand man auch bei den Griechen, Römern, Kelten und Indianern Süd- und Nordamerikas Aufzeichnungen über hockeyähnliche Spiele unter verschiedenen Namen. Mit der Entwicklung des Gesellschaftslebens und den sich daraus er-

gebenden Ordnungen bildeten sich im Bereich sportlicher Betätigungen festgefügte Formen. Aus der Vielzahl der Varianten entstanden so einige Spielformen, die wir als die Vorläufer des modernen Hokkeys ansehen.

Hurling

Das dem Hockey ähnlichste Spiel ist das irische *Hurling*. Für die Iren hatte Hurling zunächst sogar vor dem Irish Football eine führende Rolle und gilt heute noch als Nationalsport. Das in Schottland unter dem Namen *Shinty* bekannte Spiel fand viele Freunde. Seinen Ursprung hatte Hurling in der keltischen Kultur. Sogar die Engländer fanden für kurze Zeit Gefallen an diesem Spiel, das sie *Kappan* nannten, und spielten es um das Jahr 1600 vornehmlich in Cornwall und Devon. Irische Auswanderer brachten das Spiel bis Amerika und Australien, wo es sich jedoch nicht durchsetzte. Für die Iren bedeutete Hurling betontes Kampfspiel mit hohem physischem und psychischem Bildungswert. Aus der Etymologie des Wortes Hurling geht hervor, daß etwas, in diesem Fall der Ball, oft gegen heftigen Widerstand der Gegner mit Hilfe eines Schlägers, der für uns einen waffenartigen Charakter bewahrt hat, vorangetrieben oder geschlagen wurde.

Mit der Gründung der Gaelic Athletic Association 1884 fand das Hurling durch eine feste Regelfassung auch seine organisatorische Form. Der Spielgedanke ähnelt zwar unserem Feldhockey, weicht aber durch seine großzügigen Regeln wesentlich von unseren technischen und taktischen Grundsätzen ab.

Bandy

Während die Iren Hurling spielten, zogen die Engländer gegen Ende des 17. Jahrhunderts mit ihrem Kappanspiel auf das Eis und nannten es *Bandy*. Der Wechsel auf das Eis ergab sich, weil sie als Spielfläche zunächst den harten und ebenen Boden am Strand bevorzugten und in den Wintermonaten notgedrungen auf Eisflächen ausweichen mußten.

Diese neue Variante fand sehr schnell ihre Anhänger. Von England aus fand Bandy – inzwischen «Hockey on the ice» genannt – schnell Zugang zu den Wintersportplätzen in Europa. Besonders in Dänemark, Deutschland, Finnland, Holland, Norwegen, Schweden, der Schweiz und Ungarn betrachtete man Bandy als willkommene Bereicherung des Wintersportprogramms. Begünstigt durch die klimatischen Bedingungen, wurde Bandy besonders in Finnland, Schweden und Rußland populär und so zum Vorläufer unseres heutigen Eishokkeyspiels. Die Regeln des Bandyspiels bilden eine Mischung aus Fußball, Feld- und Eishockey. International konnte es sich trotz der ersten Weltmeisterschaft 1958 in Helsinki nicht durchsetzen, begründet durch geographische Gesichtspunkte und die Begeisterung der Mitteleuropäer für Eishockey.

England als Lehrmeister
Mit der Gründung der englischen Hockey Association im Jahre 1886 gilt England in der Welt als Geburtsstätte des Hockeyspiels moderner Prägung. Im Zuge des Umwandlungsprozesses und der Zusammenfassung der Stockballspiele setzte sich der Begriff *Hockey* durch. Es ist das Verdienst der Engländer, daß sie mit der Organisation von Fußball und Rugby auch dem Hockeyspiel eine zeitgemäße Form gaben. Als Geburtsjahr des modernen Hockey ist nach Smith und Robson (1899) das Jahr 1875 anzusehen, da zu der Zeit die ersten Hockeyregeln entstanden. Sie hielten die Spieler zum Spiel ohne körperlichen Kontakt an und unterschieden sich so grundlegend von Fußball- und Rugbyregeln.

Irland, Wales und Schottland übernahmen das Hockeyspiel in der von den Engländern geregelten Spielweise. Um die vier Landesverbände eng miteinander zu verbinden, kam es 1907 zur Gründung des International Hockey Board (IHB). Von diesem Zeitpunkt an kam es zu einem regelmäßigen Spielverkehr der vier Länder. England zeigte in den Spielen eine große Leistungsstärke und gewann die meisten Spiele überlegen. Bei den Olympischen Spielen in London 1908 gewannen sie die Goldmedaille gegen Irland. Während der kurzen, bis zum Ausbruch des Ersten Weltkrieges verbleibenden Zeitspanne blieb England, das inzwischen als großer Lehrmeister anerkannt wurde, in zahlreichen Länderspielen unbesiegt.

Mit großem Interesse verfolgten die Frauen die Entwicklung des Hockeyspiels. Da für sie in der Viktorianischen Ära, die von Verboten und Vorurteilen geprägt war, kaum Möglichkeiten bestanden, Hockey in Vereinen zu spielen, suchten sie in Colleges und privaten Schulen Spielgelegenheiten. Es gelang trotz widriger Umstände, über die Gründung von Privatclubs Hockey bei den Frauen populär zu machen.

Hockey in Deutschland

Die geschichtliche Entwicklung des Hockeyspiels in Deutschland ist eng verbunden mit dem olympischen Jahr 1896 (Budinger 1969). Während in Athen die ersten Olympischen Spiele stattfanden, weckten englische Schüler am Pädagogikum in Bad Godesberg das Interesse am Hockeyspiel bei ihren deutschen Mitschülern. Aus diesen ersten Ansätzen entstanden auch die ersten Interessengruppen. Mit der Gründung der ersten Hockeyvereine in den Bundesländern wurde das Hockeyspiel bekannt und fand schnell Anhänger. Nach der Gründung des Deutschen Hockey-Bundes (DHB) im Jahre 1909 in Bonn begann der systematische Aufbau der Sportart Hockey nach englischem Vorbild.

Während der kurzen Entwicklungszeit bis zum Ersten Weltkrieg gab es zahlreiche Vereinsgründungen. Von einer mit England vergleichbaren Leistungsstärke konnte jedoch keine Rede sein. Das vierte offizielle Länderspiel gegen England 1913 entschieden die Briten mit 9:1 für sich und lieferten damit einen ernüchternden Beweis für den Klassenunterschied.

Nach dem Kriegsende nahm die Anzahl der Vereine erkennbar zu. Mitte der zwanziger Jahre konnte man sogar von einer Konsolidierung sprechen. Immerhin gab es schon circa 390 Vereine mit 21 000 Mitgliedern, die im DHB organisiert waren. International fanden regelmäßige Vergleichsspiele mit Österreich, der Schweiz, Dänemark und Holland statt. Vor allem mit Holland pflegten unsere Vereinsmannschaften einen regen Spielverkehr. Bis zum Ausbruch des Zweiten Weltkriegs konnte die deutsche Hockey-Nationalmannschaft auch internationale Erfolge erringen. So wurde sie 1928 beim olympischen Hockeyturnier in Amsterdam Dritter, und 1936 beim olympischen Hockeyturnier in Berlin errang sie sogar die Silbermedaille.

Nach der Zwangspause kam es 1949 zur Neugründung des Deutschen Hockey-Bundes. Die internationalen Kontakte begannen im Jahre 1951. Das nationale Hockey hatte sich seit 1947 soweit entwickelt, daß man wieder von einem organisierten und regen Spielbetrieb sprechen konnte. In den Landeshockeyverbänden wurden Meisterschaftsspiele ausgetragen, und ab 1949/50 fanden wieder Deutsche Meisterschaften statt. Den Auftakt zu den internationalen Vergleichsspielen bildete das erste Länderspiel 1951 gegen die Schweiz. 1952 in Helsinki nahm die deutsche Mannschaft wieder am olympischen Hockeyturnier teil. Die stärksten europäischen Hockeynationen Holland und Großbritan-

nien hatten durch ihre Teilnahme am olympischen Turnier 1948 in London und zahlreiche Länderspiele bereits einen großen Vorsprung gewonnen. Wie sehr sich das auswirkte, mußten die deutschen Spieler schon in den Vorrundenspielen des olympischen Turniers in Helsinki 1952 feststellen, als sie mit 0:1 gegen Holland verloren und nur noch die Chance hatten, in der Trostrunde um den 5. Platz zu spielen.
Zwei Spielweisen zeigten im Zusammentreffen der Weltbesten die Entwicklungstendenzen an. Einmal waren es die Inder, die ‹technische Meisterschaft›, gepaart mit Schnelligkeit, demonstrierten, zum anderen die Holländer, die hockeyspielende Athleten ins Turnier schickten. Im Finale triumphierte die indische Technik über die körperliche Leistungsfähigkeit der Holländer. Wie erfolgreich jedoch die kraftvolle und dynamische Spielweise der Holländer sein konnte, zeigte ihr 1:0-Sieg über Pakistan.
Die Lehren aus dem olympischen Turnier stellten die deutschen Spieler drei Jahre später unter Beweis, als sie zum erstenmal ein internationales Turnier gewannen. Mit Siegen über Spanien, Polen, Holland und Großbritannien wurden sie 1954 inoffizieller Europameister in Brüssel. Unmittelbar im Anschluß an das Brüsseler Turnier flogen die deutschen Nationalspieler vier Wochen nach Pakistan, um das asiatische Hockey zu studieren.

Der Einfluß der indischen Spielweise
Bereits 1928 hatten die Inder beim olympischen Hockeyturnier in Amsterdam demonstriert, wie groß ihre spielerische Überlegenheit war. Die von ihnen vorgenommene Verfeinerung des Hockeystocks hatte auch die spieltechnischen Anwendungsmöglichkeiten gefördert. Vor allem die Ballführung im Vor- und Rückhandspiel bewährte sich in den Angriffskombinationen und bereicherte die Variationsmöglichkeiten der Spielhandlungen. Die Chance, die asiatische Technik und Spielauffassung an Ort und Stelle zu studieren und in verschiedenen Hockeyzentren des Landes neue und wertvolle Erkenntnisse zu gewinnen, wurde von den deutschen Spielern genutzt, so daß schon bald Fortschritte erkennbar wurden.
Mit der Pakistan-Lehrreise der Hockeynationalspieler wurde in Deutschland eine Entwicklung eingeleitet, die zum spielerischen Hockey führte. Die Hauptelemente des Hockeyspiels, wie Dribbeln, Stoppen und Passen, erfuhren durch die von den Asiaten entwickelte Technik so viele Impulse, daß es schwierig war, diese sofort auf unsere

Verhältnisse zu übertragen. Dennoch gelang es den damaligen Spitzenspielern, die Erkenntnisse auszuwerten und innerhalb von zwei Jahren auf ihre individuelle Mannschaftsspielweise umzusetzen. Bei den Olympischen Spielen in Melbourne 1956 erzielten die als ‹Lehrlinge› 1954 nach Pakistan gestarteten deutschen Nationalspieler hinter Indien und Pakistan den 3. Platz.

Angetrieben durch den gelungenen Anschluß an die Spitzengruppe im Welthockey, wurde in Deutschland eine systematische Perspektivplanung in den Bereichen der Schulung im Jugend- und Schulhockey begonnen. Wenn wir inzwischen mehr hockeyspielende Schulen als Vereine haben, so zeugt das von einer intensiven Arbeit der entsprechenden Gremien des Deutschen Hockey-Bundes und der inzwischen aktiv gewordenen Lehrkräfte in unseren Schulen. Mit der Aufnahme des Hockeyspiels in den Wettbewerb «Jugend trainiert für Olympia» 1976 hat eine neue Entwicklungsphase im Schul- und Jugendhockey begonnen.

Die Übernahme der asiatischen Technik, die nur in Verbindung mit den indisch-pakistanischen Stöcken perfektioniert werden konnte, führte zu entsprechenden trainingsmethodischen Überlegungen. Die Umstellung auf die asiatischen Hockeystöcke hatte in Deutschland anfänglich wegen der weichen Rasenplätze, die jedes schnelle und sichere Ballführen erschweren, nicht den erwarteten Erfolg. Die ungünstigen klimatischen Verhältnisse zwangen in den Wintermonaten zu einer mehrmonatigen Feldhockeypause. Um diese Pause zu überbrücken, förderte der Deutsche Hockey-Bund das Hallenhockeyspiel. So wurden nicht nur die Wintermonate von Dezember bis Februar für Hockey genutzt, sondern gleichzeitig die Grundlage geschaffen, die indisch-pakistanische Hockeytechnik unseren Vorstellungen entsprechend einzusetzen. Die erfolgreiche Teilnahme deutscher Spitzenspieler und -mannschaften an internationalen Vergleichen wie Turnieren, Länderspielen, Europameisterschaften, Weltmeisterschaften und Olympischen Spielen haben der Sportart Hockey und den Vereinen einen beachtlichen Stellenwert unter den übrigen Sportspielen gebracht. Der einmal beschrittene Weg führte 1972 in München zum olympischen Gold.

Training

Sportliche Erfolge und systematisches Training stehen in einem ursächlichen Zusammenhang. Die Erkenntnisse aus der Analyse und Auswertung des Trainings- und Wettkampfverhaltens der sportlich Erfolgreichen unter verschiedenen (sportmedizinischen, sportpädagogischen, sportpsychologischen) Aspekten bestimmen die Struktur der modernen Trainingslehre. Sie ist damit wichtigstes Hilfsmittel für den Trainer bei der Planung und Steuerung von Trainingsprozessen, um seine Spieler systematisch zum Erfolg anzuleiten. Ohne ausführlich auf die Theorie des Trainings einzugehen, werden im folgenden einige Grundlagen und Grundsätze zur Planung und Durchführung des Trainings erläutert.
Versteht man unter Training einen Prozeß, bei dem durch planmäßige Belastung eine Steigerung der Leistung erzielt werden soll, so wird deutlich, daß auf allen Ebenen des Hockeysports (wie im Schulhockey, im Breiten- und Leistungssporthockey der Vereine) ein sportliches Training gestaltet werden kann. Die Spielleistung im Hockey wird bestimmt durch das Leistungsvermögen im Bereich der körperlichen Eigenschaften und technischen Fertigkeiten, der kognitiven und sozial-affektiven Fähigkeiten sowie der Leistungsbereitschaft. Die durch die Vielseitigkeit der Spielleistung bedingte Vielschichtigkeit des Trainings macht eine systematische Trainingsplanung notwendig.
Die systematische Trainingsplanung des Trainers umfaßt:
1. die Bestimmung der Trainingsziele unter Berücksichtigung des Leistungsvermögens und der Leistungsbereitschaft der Mannschaft;

2. die Festlegung der Trainingsinhalte in Abhängigkeit von den Zielen und dem Zeitpunkt im lang-, mittel- oder kurzfristigen Trainingsprozeß:
a) allgemein entwickelnde Übungs- und Spielformen
 (z. B. Übungen zur Gewinnung einer konditionellen Basis und einer umfangreichen Handlungserfahrung);
b) Übungs- und Spielformen mit spezieller Thematik
 (z. B. Spielphasenübungen, Erwerb von Handlungsgewohnheiten im Angriff wie Mit- und Freilaufen und in der Abwehr wie Raum- und Manndeckung);
c) Übungs- und Trainingsspiele
 (z. B. Übungsspiel ohne Umspielen zur Verbesserung des Kombinationsspiels; Trainingsspiel mit dem Ziel Anwendung einer Abseitsfalle).
3. die Wahl der Trainingsmittel und -methoden in Abhängigkeit von den Trainingszielen und -inhalten.
Die Trainingsmittel umfassen:
a) die Geräte
 (Schläger, Bälle, Markierungen, Tore, Kennzeichnungshemden, Sprungseile, Medizinbälle usw.);
b) die Organisation
 (z. B. die Auswahl von möglichst effektiven zielgerichteten Ablaufformen in den Übungen);
c) die Information
 – visuell durch Vormachen, Vorzeigen (Skizze, Bildreihe, Film, Video);
 – verbal durch Bewegungsanweisung, -beschreibung, -aufgabe;
 – taktil durch helfendes Führen des Schlägers beim Schlagen.

Die Trainingsmethoden können, ausgehend von der Annahme, daß sich der Lernprozeß in Phasen und Stufen vollzieht, in Anlehnung an die sportspieldidaktischen Überlegungen von DIETRICH et al. (1978) langfristig folgender Gliederung des Trainingsprozesses zugeordnet werden.

Erste Phase
Erlernen einfacher taktischer Situationen wie Torschuß – Torabwehr; Herausspielen einer Torschußgelegenheit – Abschirmen der Torschußzone (des Schußkreises); Aufbauen und Stören des Angriffs und

der Abwehr; Erlernen der dazu notwendigen Techniken wie Ballführung, Schieben, Stoppen in der Grobform sowie Erlernen der Regeln zum Spielen des Balls, zum Körper- und Schlägereinsatz usw.

Zweite Phase
Erweiterung und Verfeinerung der technischen und taktischen Handlungsmöglichkeiten, wie Angriffe mit Überzahl über die Außen- und Innenstürmer, Abwehr mit Unterzahl; angetäuschtes geschobenes, geschlenztes und geschlagenes Zuspiel; angetäuschtes Umspielen.

Dritte Phase
Automatisierung der Technik und Ausprägung von Handlungsgewohnheiten in der Taktik, zum Beispiel Kombinationsmöglichkeiten in der Zweier- und Dreiergruppe; Prinzipien des Positions- und Überzahlangriffs sowie Prinzipien der Abwehr.

Trainingsmethodik der ersten Phase

Der Trainingsprozeß wird insbesondere durch Spiel- und Übungsreihen bestimmt. Die Spielformen wie Hockeytreibball ohne Zweikampf, Hockeytreibball mit Zweikampf, Mini-Hockey, Kleinfeld- bzw. Hallenhockey und das Feldhockey bilden die Elemente einer Spielreihe und machen die Anfänger von Beginn an mit der vereinfachten Spielidee vertraut.
Spielgedanke: Zwei Mannschaften stehen sich in direktem Kampf über eine gewisse Spielzeit auf einem Spielfeld, auf dem zwei Tore markiert sind, gegenüber und bemühen sich, den Ball mit dem Hockeyschläger in das Tor des Gegners zu bringen oder zu verhindern, daß der Gegner Tore erzielt.

Spielreihe

Hockeytreibball ohne Zweikampf
Spielgedanke: Zwei Mannschaften stehen sich in ihren Spielfeldhälften zwischen zwei großen Toren gegenüber und versuchen, den vom Gegner geschobenen Ball zu stoppen, um ein Tor zu verhindern und dann mit einem Schiebepaß ein Tor zu erzielen.

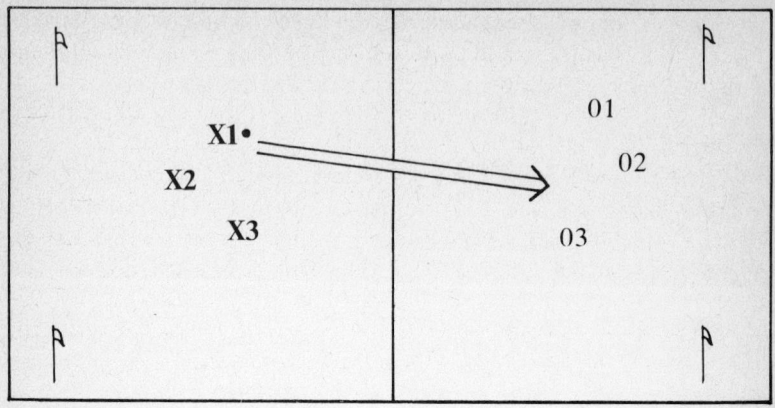

Regeln: Der Ball darf nur mit der flachen Seite des Schlägers flach geschoben werden. Der Schläger soll nicht über Knie- oder Hüfthöhe gehoben werden. Die Spieler dürfen sich nur in der eigenen Spielfeldhälfte aufhalten. Der Ball muß von dort zurückgespielt werden, wo er gestoppt wurde. Bei Regelverstößen verliert diese Mannschaft den Ballbesitz. Schiedsrichter ist eine neutrale Person oder je ein Spieler der Mannschaften.
Taktik: Die Spieler sollen erkennen, daß ein verteidigender Spieler eine abwehrstarke Seite (Vorhandseite) und eine abwehrschwache Seite (Rückhandseite) hat. Durch Beobachtung der Körperstellung des Gegners läßt sich der Ballweg voraussehen. Täuschungen, das heißt plötzliche Änderungen der Körperstellung und damit der Schußrichtung, verunsichern den Gegner und können mangelnde Kraft beim Torschuß ausgleichen. Eine Abwehraufstellung, die den einzelnen Spielern einen bestimmten Raum vor dem Tor (rechts, Mitte, links) zuweist, bedeutet größeren Erfolg in der Abwehr.

Mögliche Spielerweiterung:
Hockeytreibball ohne Zweikampf mit Kombinationsspiel
Spielgedanke: wie vorher
Regeln: Die das Spielen des Balls und den Schlägereinsatz betreffenden Regeln gelten weiterhin. Die Spieler, die sich wiederum nur in der eigenen Spielfeldhälfte aufhalten dürfen, sollen nun nach dem Stop-

pen des Balls durch Ballführung oder Kombinationen bis zur Mittellinie angreifen und dann auf das gegnerische Tor schieben, ohne die Mittellinie zu übertreten.
Taktik: Die im vorhergehenden Spiel genannten Zielsetzungen im individuell- und mannschaftstaktischen Bereich in bezug auf die Abwehr gelten weiterhin und werden um bisher nicht vorhandene Handlungsmöglichkeiten im Angriff erweitert. Die Spieler sollen erkennen, daß ein schnelles Abspiel zu einem weiter vorn stehenden Mitspieler vorteilhafter ist, als selbst mit dem Ball vorzulaufen und den Angriff abzuschließen. Jeder Angriff sollte so angelegt sein, daß der Gegner seine Abwehraufstellung im letzten Moment vor dem Torschuß noch einmal ändern muß (z. B. der Ball wird auf der rechten Angriffsseite vorgedribbelt, kurz vor der Mittellinie quer nach links gepaßt und dann von einem Mitspieler auf das gegnerische Tor geschoben).

Hockeytreibball mit Zweikampf
Spielgedanke: Der Spielgedanke der vorhergehenden Spielformen wird dadurch erweitert, daß jeweils ein Spieler, später zwei in der gegnerischen Hälfte den Angriffsaufbau des Gegners stören und Tore erzielen dürfen.
Regeln: Die schon genannten Regeln zum Spielen des Balls und zum Schlägereinsatz gelten weiterhin.
Um die Gefährdung der Spielteilnehmer gering zu halten, darf der Schläger auch im Zweikampf nur zum Spielen des Balls benutzt werden. Ein Spieler darf weder zum Zweck des Angriffs noch zum Zweck der Abwehr seinen Körper so zwischen Ball und Gegner bringen, daß dem Gegner ein Stockangriff auf den Ball nicht mehr möglich ist (Sperren). Alle Verstöße gegen die erwähnten Regeln ergeben an der Stelle, an der der Fehler passiert ist, Ballbesitz für den Gegner.
Taktik: Die Spieler der ballbesitzenden, angreifenden Mannschaft sollen erkennen, daß sie sich bei ihren Angriffshandlungen unterstützen können, indem sich einer von ihnen so freistellt oder freiläuft, daß eine Störung durch einen gegnerischen Spieler nicht möglich ist. Der Spieler der verteidigenden Mannschaft, der sich in der gegnerischen Hälfte aufhält, soll erkennen, daß er durch fortwährendes Stören die gegnerische Mannschaft in ihren Angriffsmöglichkeiten einschränken kann und damit seinen Mitspielern bessere Voraussetzungen für das Abfangen des Balls schafft.

Mini-Hockey mit kleinen Toren

Die Gefahr, die durch die Geschwindigkeit des Balls entsteht, macht eine Einschränkung des Torschußrechts erforderlich. Es wird die Torschußzone eingeführt.

Spielgedanke: siehe Seite 17

Regeln: Die Regeln zum Schläger- und Körpereinsatz gelten weiterhin. Alle Spieler dürfen sich nun auf dem gesamten Spielfeld bewegen. Ein gültiges Tor kann nur erzielt werden, wenn der Angreifer den Ball innerhalb der Torschußzone berührt hat.

Bei einem Regelverstoß eines Spielers außerhalb der Torschußzone wird das Spiel unterbrochen und die gegnerische Mannschaft erhält Ballbesitz an der Stelle, an der der Fehler passierte, und darf das Spiel mit einem Schiebepaß fortsetzen. Bei einem Regelverstoß der verteidigenden Mannschaft innerhalb der eigenen Torschußzone wird sinngemäß ebenso verfahren; nur muß der Ball parallel zur Seitenlinie auf die Torschußzonenlinie zurückverlegt werden. – Wird der Ball unabsichtlich über die Torauslinie gespielt, erhält die verteidigende Mannschaft Ballbesitz am eigenen Tor. Wird der Ball absichtlich über die eigene Torauslinie gespielt, erhält der Gegner Ballbesitz auf der Torschußzonenlinie. Wird der Ball über die Seitenauslinie gespielt, wird das Spiel an der Stelle, an der der Ball das Spielfeld verlassen hat, mit einem Schiebepaß gegen die Mannschaft fortgesetzt, die den Ball zuletzt berührt hat. Bei jeglichen Schiebepässen nach Spielunterbrechungen müssen alle Spieler außer dem Ausführenden drei Meter vom Ball entfernt sein. Eine zweite Ballberührung durch den Ausführenden ist erst nach einer Ballberührung durch einen Mit- oder Gegenspieler erlaubt.

Das Spiel soll nach Regelverstößen nicht unterbrochen werden, wenn dadurch für die Mannschaft, die den Regelverstoß begangen hat, ein Vorteil entsteht.

Das Spiel soll von einem Schiedsrichter aus dem Kreis der Schüler geleitet werden.

Taktik: Die Spieler sollen durch entsprechendes Handeln nach den bisher genannten taktischen Grundregeln und durch das Anwenden der verschiedenen Techniken als Spieler der ballbesitzenden Mannschaft einen Angriff im Sinne des Spielgedankens aufbauen und erfolgreich abschließen. Die Spieler der nicht ballbesitzenden Mannschaft sollen durch ihre Abwehrhandlungen, insbesondere durch das Anwenden der Abwehrtechniken, den Gegner beim Aufbau eines

Angriffs stören und einen Torschuß abwehren können. Alle Spieler einer Mannschaft sollen bei Ballverlust blitzschnell von der Rolle des Angreifers auf die des Verteidigers beziehungsweise bei Ballgewinn von der Rolle des Verteidigers auf die des Angreifers umschalten können.

Letzte Elemente dieser Spielreihe sind das Kleinfeld- bzw. Hallenhockey und das Feldhockey; sie werden in den entsprechenden Kapiteln beschrieben.

Übungsreihen

Gleichzeitig mit dem Erwerben von Spielfähigkeit (Taktik) in der Spielreihe erlernen die Anfänger die notwendigen Techniken (Ballführung, Passen, Stoppen) in Übungsformen, die nach dem Prinzip vom Leichteren zum Schwierigeren zu Übungsreihen geordnet sind. Folgende aufbauende Stufen beim Erlernen einer Technik lassen sich unterscheiden:

Beispiel Umspielen

Erlernen der Fertigkeit	*Erlernen des Gegnerverhaltens*
1. ruhender Ball – ein Schritt Anlauf	an einer Markierung
2. ruhender Ball – mehrere Schritte Anlauf	an einer Markierung
3. rollender Ball	halbaktiver Abwehrspieler
4. langsame Ballführung	halbaktiver Abwehrspieler
5. wettkampfgemäße Ballführungsgeschwindigkeit	Abwehrspieler in einem Tor
6. wettkampfgemäße Ballführungsgeschwindigkeit	Abwehrspieler in einem abgegrenzten Raum

↘   ↙

Spiel 1 gegen 1 auf Tore

Für die Organisation bei der Anwendung der Spielformen empfiehlt es sich, in der Halle oder auf dem Hockeyfeld mehrere kleine Spielfelder zu schaffen, so daß möglichst viele gleichzeitig spielen können.
Für die Anwendung der Übungsformen ist es sinnvoll, mehrere Übungsgruppen bzw. -stationen mit gleichen oder unterschiedlichen Aufgaben zu schaffen.

Trainingsmethodik der zweiten Phase

Sind die Spieler in der Lage, ein Hockeyspiel (Kleinfeld-, Hallen- oder Feldhockey) im Sinne des Spielgedankens unter Anwendung der grundlegenden spieltechnischen Fertigkeiten und unter Beachtung der entsprechenden Regeln aufrechtzuerhalten, orientiert sich das Training in dieser Phase, in der es um Erweiterung und Verfeinerung der technischen und taktischen Handlungsmöglichkeiten geht, an der Steigerung der Spielleistung.
Schwerpunkt des Trainings bilden Übungsreihen zu schwierigeren technischen Fertigkeiten (angetäuschtes Umspielen, Stecher als Torschuß in der Halle usw.), die Programme zur Steigerung der notwendigen körperlichen Eigenschaften sowie Programme zur Schulung der taktischen Fähigkeiten (Herausspielen und Abschließen eines Überzahlangriffs usw.).

Trainingsmethodik der dritten Phase

Verfügen die Spieler über eine breite Basis von technischen Fertigkeiten sowie taktischen Handlungsmustern und befinden sie sich dadurch in der Lage, im Spiel situationsgerecht (zweckmäßig, folgerichtig) zu handeln, sind die Voraussetzungen erfüllt, um den Ausführungsablauf zu automatisieren, das heißt insbesondere die Erfolgssicherheit der Ausführung einer technischen Fertigkeit bzw. von taktischen Handlungsgewohnheiten zu festigen.
Beispiel: Trainingsziel – Zweikampfstärke der Stürmer
Die Stürmer laufen so lange Einzelangriffe gegen den Vorstopper, den Libero und den Torwart, bis sie drei Tore (später Tore in Serie) erzielt haben (vgl. Abbildung Seite 23).

Dieses letzte Beispiel macht deutlich, daß ein Trainer in der Lage sein muß, das Leistungsvermögen seiner Spieler zu analysieren und ihnen bewußtzumachen, um ihre Leistungsbereitschaft herauszufordern und eine von den Spielern gewollte systematische Belastungssteigerung und Erholungsnotwendigkeit zu organisieren. Auf diese Weise werden die grundsätzlichen Voraussetzungen für sportliches Training und den damit verbundenen Erfolg geschaffen.

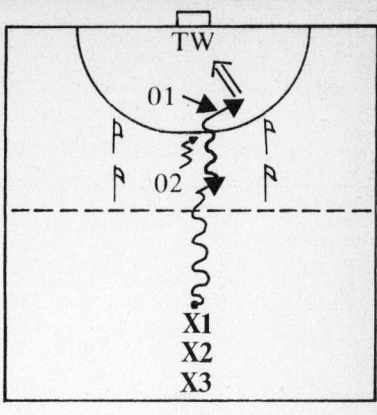

Jahresplan und Periodisierung

Eine kontinuierliche Leistungsentwicklung im langfristigen Trainingsplan macht eine ganzjährige Belastung notwendig. Innerhalb eines Wettkampfjahres der Hockeyspieler sind neben dem planmäßigen Wechsel zwischen Belastung und Erholung die unterschiedlichen Anforderungen des Feld- und Hallenhockeys zu berücksichtigen. Auf der Grundlage der tatsächlichen Wettkampfbelastung (siehe Abbildung Seite 24/25) ist eine mehrgipflige Periodisierung notwendig.

In der *1. Vorbereitungsperiode* werden in einer ersten allgemein vorbereitenden Etappe insbesondere die athletischen Grundlagen (Schwerpunkt: allgemeine Ausdauer) geschult. In einer speziell vorbereitenden Etappe werden das Niveau der technischen Fertigkeiten aktualisiert und gesteigert und die taktischen Fähigkeiten erweitert. Das erreichte hohe konditionelle Niveau soll im technischen und taktischen Bereich gleichzeitig mit der Umstellung auf das Feldhockey (Schlagen, Mittelfeldspiel, Angriff über die Außenstürmer) zu einer Niveauverbesserung in den genannten Bereichen führen. Zu Beginn wird mit maximalem Umfang und langsam ansteigender Intensität trainiert.

In der *1. Wettkampfperiode* steht das Spieltraining (Schwerpunkt: technisch-taktisch) im Vordergrund. Im Athletiktraining dominiert das Schnelligkeits- und das spielspezifische Schnelligkeitsausdauertraining. Der Umfang wird reduziert, die Intensität gesteigert.

Die erste Wettkampfperiode wird durch eine *Zwischenetappe* unter-

Periodisierung im Jahresplan

Monat	Woche	Spiele	Periode
	1	X	Endrunde
	2		⌐ Übergangsperiode ⌐
März	3		1. Vorbereitungsperiode Feldhockey
	4		Allgemein und speziell
	1		vorbereitende Etappe
	2	X	
April	3	X	
	4	X	
	1	X	
	2	X	1. Wettkampfperiode
Mai	3	X	
	4	X	Hinrunde Feldhockey
	1		
	2	X	
Juni	3	X	
	4	X (X)	⌐ Zwischenetappe/Übergangsperiode ⌐
	1		
	2		
Juli	3		Speziell vorbereitende Etappe
	4		
	1	X (X)	
	2	(X)	
August	3		
	4		Rückrunde Feldhockey
	1	X	
	2	X	
September	3	X	
	4		
	1	X Halbfinale	Wettkampfhöhepunkt Feldhockey
	2		
Oktober	3	X Finale	Meisterschaft/Aufstiegsspiele
	4		
	1		2. Vorbereitungsperiode
	2		Hallenhockey
November	3		
	4	X	
	1	XX	2. Wettkampfperiode
	2	XX	Hinrunde Hallenhockey
Dezember	3	XX	
	4		
	1		Zwischenetappe
	2	X	
Januar	3	X	Rückrunde Hallenhockey
	4	XX	
	1	X	
	2	X	Wettkampfhöhepunkt Hallenhockey
Februar	3	X	Meisterschaft/Aufstiegsspiele
	4		
	1	X Endrunde	⌐ Übergangsperiode ⌐
	2		
März	3		
	4		

Training der Leistungskomponenten im Jahresplan

Durchschnittlicher prozentualer Anteil				Umfang	Intensität
	Athletik	Technik	Taktik		
K 10% S 10% Sa 30% A 50%	35%	Aktive Erholung 40%	25%	1–2 5–6	gering mittel ansteigend bis submaximal
K 10% S 20% Sa 40% A 30%	30%	30%	40%	4–5	mittel submaximal maximal variierend
K 10% S 10% Sa 35% A 45%	40%	Aktive Erholung 40%	20%	1–2 5–6	gering mittel ansteigend bis submaximal
K 10% S 20% Sa 50% A 20%	25%	30%	45%	3–4 (4–5)	variierend
K 10% S 10% Sa 40% A 40%	30%	Aktive Erholung 40%	30%	1–2 4–5	gering variierend
K 10% S 10% Sa 50% A 30%	25%	35%	40%	3–4	variierend
	35%	40%	25%	4–5	gering
K 10% S 10% Sa 60% A 20%	25%	30%	45%	3–4	variierend
		Aktive Erholung		1–2	

Abkürzungen:	K = Kraft S = Schnelligkeit Sa = Schnelligkeitsausdauer A = Allgemeine Ausdauer	Angegeben sind die Wochentrainingstage inklusive der Wochenendspiele

brochen. Während der Zwischenetappe soll durch aktive Erholung (Laufen, Radfahren, Schwimmen, Tennis usw.) das Niveau der athletischen Grundlagen gehalten bzw. nur geringfügig gesenkt werden. Als Vorbereitung nach der Zwischenetappe vor dem verbleibenden Teil der Wettkampfperiode wird wie in der zweiten speziell vorbereitenden Etappe der vorhergehenden Vorbereitungsperiode trainiert.
Im abschließenden Teil der ersten Wettkampfperiode stehen spielspezifisches Athletik- und technisch-taktisches Training im Vordergrund. Der Variation der Trainingsbelastung in bezug auf Umfang und Intensität kommt insbesondere bei Doppelspieltagen an Wochenenden größte Bedeutung zu. Als Regel kann gelten: nach intensiven Wochenendspielen zu Beginn der Woche normal umfangreiches, wenig intensives Training. Zum Wochenende hin wird bei verringertem Umfang sehr intensiv trainiert.
Die *2. Vorbereitungsperiode* dient der Umstellung vom Feld- auf das Hallenhockey. Hierbei geht es insbesondere um das Neu- und Wiedererlernen spezieller technischer Fertigkeiten (tiefes Rückhandstoppen, Schlenzen) und taktischer Fähigkeiten (kurze Ecke, Überzahlangriffe) für das Hallenhockey. Das Athletiktraining hat hier einen Schwerpunkt in der Schulung der Technik in Verbindung mit der Ausdauer.
In der *2. Wettkampfperiode* Hallenhockey, die durch eine kurze Zwischenetappe geteilt ist, müssen die Spieler ihren Leistungshöhepunkt erreichen und festigen. Das Athletiktraining ist auf das Konservieren des konditionellen Trainingszustandes ausgerichtet.
Die *Zwischenetappe* kann je nach der Tabellensituation bei einer frühen Qualifikation für die Meisterschaftsendrunden zu hartem Athletiktraining als Vorbereitung für die Hallenendrunden genutzt werden bzw. technisch-taktische Defizite aufarbeiten. Zur Trainingsbelastung gilt das in der ersten Wettkampfperiode Gesagte.
Die *Übergangsperiode* dient vornehmlich der aktiven Erholung. Dabei soll der Leistungsabbau trotz Erholung – also keine anstrengungsbetonten Spiele, sondern erholungsbetonte Sportaktivitäten nach der jeweiligen Neigung (Waldläufe, Radfahren, Schwimmen, Tennis usw.) – so gering wie möglich gehalten werden.

Athletiktraining

Ein hohes Niveau der körperlichen Eigenschaften Kraft, Ausdauer, Schnelligkeit, Beweglichkeit und Gewandtheit bestimmen in großem Maße die technisch-taktische Leistungsfähigkeit eines Hockeyspielers. Die vielseitigen Belastungen des Spiels erfordern ein Training, das sowohl eine allgemein als auch speziell athletische Ausbildung aufweist.

Krafttraining

Ausgehend von den Anforderungen im Spiel steht die Entwicklung der Schnellkraft und der Kraftausdauer im Vordergrund. Die Schnellkraft als die Fähigkeit des Nerv-Muskel-Systems, Widerstände mit einer hohen Kontraktionsgeschwindigkeit zu überwinden (HARRE 1973), ist im Hockeyspiel bei Sprints zum Ball sowie bei allen Schlag-, Schiebe- und Schlenzbewegungen leistungsbestimmend und bildet die Grundlage für das Antrittsvermögen eines Spielers.

Da ein Hockeyspiel über eine festgelegte Spielzeit gespielt wird (Feldhockey 2 mal 35 Minuten, Hallenhockey 2 mal 30 Minuten), werden insbesondere Anforderungen an die Kraftausdauer, beschrieben als Ermüdungswiderstandsfähigkeit, gestellt. Als Training des Hockeyspielers empfiehlt sich das *dynamische Krafttraining* (Ziel: alle Übungen mit größtmöglicher Geschwindigkeit ausführen), da mit der Kraftentwicklung gleichzeitig die Muskelkoordination aufgebaut wird. Zur allgemeinen Kraftentwicklung eignen sich viele einfache Übungen ohne und mit Geräten (Hockeystock, Seil, Medizinball, Deuserband u. a.), die die verschiedenen Muskelgruppen (Bein-, Rumpf- und Schultergürtelmuskulatur) vorwiegend belasten. Die Dosierung erfolgt durch die Belastung (eigenes Körpergewicht, Zusatzlasten), die Zahl der Wiederholungen, die Zahl der Serien und die Länge der Pausen.

Zur Entwicklung der Schnellkraft wird die Belastung (Körpergewicht und Zusatzlasten) so gewählt, daß 5 bis 6 Wiederholungen einer koordiniert ablaufenden Bewegung in einer Serie möglich sind. Nach vollständiger Erholung in den Pausen schließen sich 4 bis 6 Serien an.

Zur Entwicklung der Kraftausdauer wird die Belastung so gering gehalten, daß Wiederholungen von 20 bis 30 erreicht werden. Nach einer unvollständigen Pause (Puls circa 130 Schläge/Minute) schließt sich die nächste der 3 bis 5 Serien an.

Übungsformen
- Schultergürtel- und Armmuskulatur
  - Liegestütz auf den Fingerspitzen.
  - Schläger in den Fingern drehen.
  - Drehen des Schlägers mit einer Hand.
  - Liegestützhüpfen vorwärts – rückwärts, rechts – links über den am Boden liegenden Hockeystock.
  - Armkreisen.
- Rumpfmuskulatur

Bauch
- Im Langsitz den auf den Füßen liegenden Schläger in die hochgehaltenen Hände werfen.
- Klappmesser: Rückenlage; Beine und Finger berühren sich im höchsten Punkt;
- Rückenlage; rechter Ellbogen zum linken Knie und umgekehrt.
- Partner fixiert die (Hände im Nacken verschränkt) Ellbogen am Boden, Ablegen der gestreckten Beine 90 Grad zum Oberkörper nach rechts und links.

Rücken
- In der Bauchlage schnellen rechter Arm und linker Fuß so weit wie möglich vom Boden ab und umgekehrt sowie beide Arme und Beine gleichzeitig.
- Partner fixiert die Füße in der Bauchlage; Anheben der gestreckten Arme mit lang gefaßtem Hockeystock.
- Partnerweise frontal zueinander in Bauchlage; Zuwerfen des Schlägers in beide Hände.

Gesamte Rumpfmuskulatur
- Seitgrätschstellung, Schläger schulterbreit gefaßt; Berühren des Bodens hinter dem Körper nach Rechts- und Linksdrehung.
- Beidhändige Schockwürfe mit Medizinball gegen die Wand rechts und links abwechselnd.
- Beinmuskulatur
  - Strecksprünge aus der tiefen Hocke.
  - Kniebeugen auf beiden Beinen und auf einem Bein.
  - Hocksprünge vorwärts und rückwärts über den zwischen den Fingerspitzen gefaßten Hockeystock.
  - Hüpfen vorwärts – rückwärts, rechts – links, Kreuzen ein- und beidbeinig über den liegenden Hockeystock.

Ausdauertraining

Das Ausdauertraining zielt auf die Ausbildung von Widerstandsfähigkeit des Organismus gegen Ermüdungserscheinungen bei lang andauernder sportlicher Belastung. Folgende Methoden werden angewendet:
- Dauermethode,
- Intervallmethode.

Bei der *Dauermethode*, die insbesondere zum Aufbau der Grundlagenausdauer gegen Ende der Übergangs- und im Anfang der 1. und 3. Vorbereitungsperiode Anwendung findet, wird der Organismus durch mindestens 8 Minuten lange Läufe (Pulsfrequenz mindestens 150 bis 180 Schläge/Minute) belastet. Durch langsame Steigerung (Erhöhung der Zahl der Läufe, Verlängerung der Läufe) sollten Dauerläufe von 30 bis 60 Minuten erreicht werden.

Beim *Intervalltraining* wechseln Belastungsphasen (Pulsfrequenz 150 bis 180 Schläge/Minute) und unvollständige Erholungsphasen (nächste Belastungsphase nach Erreichen der Pulsfrequenz 120 bis 130 Schläge/Minute). Diese Methode eignet sich besonders gut im letzten Abschnitt der 1. und 3. Vorbereitungsperiode sowie in der 2. Vorbereitungsperiode, um auf das Hallenspiel mit den sich ständig wiederholenden kurzen Höchstbelastungen im Bereich der Schnelligkeit vorzubereiten. Daher bildet das Training der Schnelligkeitsausdauer einen besonderen Schwerpunkt des Hallentrainings.

Je nach den Trainingszielen wendet man nach HOLLMANN und HETTINGER (1976) drei Formen von Intervalltraining an:
1. die Kurzzeitintervallmethode mit einer Belastungsdauer zwischen 10 und 40 Sekunden in jeder Belastungsphase (Intervallsprints);
2. die Mittelzeitintervallmethode mit einer Belastungsdauer von 40 Sekunden bis 2 Minuten (Intervalltempoläufe);
3. die Langzeitintervallmethode mit Einzelbelastungen von 3 Minuten und länger (Intervalldauerlauf beziehungsweise das Fahrtspiel).

Das für den Hockeyspieler bedeutende Training des Kurzzeitintervalls wird durch die Anwendung des *Kreis-* oder *Stationstrainings* geleistet. Hier wird eine bestimmte Anzahl von Übungen, die in geplanter Folge verschiedene Muskelgruppen beanspruchen bzw. wichtige Spielelemente wie Passen und Ballannahme im Lauf schulen, von den Spielern in der geforderten Reihenfolge absolviert.

Abhängig vom Trainingszustand und der angestrebten Belastung in den einzelnen Übungen wird gewählt:

- die Zahl der Wiederholungen,
- die Belastungszeit,
- die Pausenzeit,
- die Zahl der Durchgänge.

Zu Beginn: 20 Sekunden Belastung – 1 Min. 40 Sek. Erholung mit festgelegter Anzahl (z. B. 10 Wdh.) der Krafttrainingsformen (Station II, IV, VI, VIII)
Später: Belastungszeit bis zu 1 Minute und des jeweils Dreifachen der Belastungszeit als Erholungszeit
Die steigende Zahl der Wiederholungen bzw. die schnellere Erholung (schnelleres Absinken des Pulsschlags auf 120 bis 130 Schläge / Minute) sind ein Maß für die Leistungssteigerung.

Beispiel für ein Stationstraining in der Halle

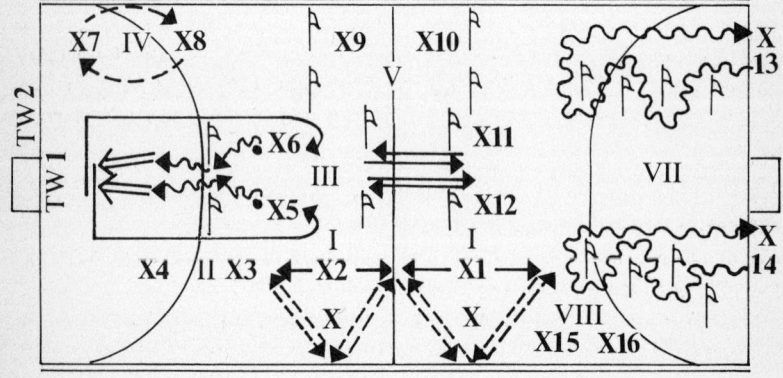

Station:	Spieler:	Übung:
I	X1 und X2	Vorhand- und Rückhandpässe an die Bande
II	X3 und X4	Klappmesser (Bauchmuskulatur)
III	X5 und X6	Umspielen und Torschuß mit einem Torwart (TW) bzw. zwei TW im Wechsel
IV	X7 und X8	In Bauchlage Medizinball (Hockeyschläger) zuwerfen (Rückenmuskulatur)
V	X9 und X10	Spiel 1:1 (Ball durch das Tor führen)
VI	X11 und X12	Standweitsprünge aus der tiefen Hocke (Beinmuskulatur)
VII	X13 und X14	Hinweg: Slalomdribbling (Ballkontrolle) Rückweg: Seitführen (Tempo)
VIII	X15 und X16	Liegestütze auf den Fingerspitzen

Schnelligkeitstraining

Im Hockeyspiel sind, durch die Geschwindigkeit des kleinen Balls verursacht, mehr noch als in anderen Sportspielen erforderlich:
- schnelle Reaktion,
- schnelle Schlag-, Schiebe- und Schlenzbewegungen,
- schnelle Starts und Sprints ohne und mit Ball.

Für das Schnelligkeitstraining ist eine höchstmögliche Bewegungsgeschwindigkeit notwendig. Grundsätzlich sollte dabei beachtet werden, daß dem Schnelligkeitstraining eine intensive Aufwärmarbeit (Dehnung und Lockerung der Muskulatur) vorausgeht und keine ermüdenden Übungen vorangestellt werden.

Zur Entwicklung der Schnelligkeit eignet sich insbesondere die 1. Vorbereitungsperiode, in der zu Beginn nicht zu kurze Strecken (30 bis 60 Meter) wiederholt durchsprintet werden. An eine Pause, die der vollständigen Wiederherstellung der Leistungsfähigkeit dient (circa 4 bis 6 Minuten), schließt sich der nächste Lauf an. Anschließend an die einfachen Übungen ohne Ball erfolgen Sprints bzw. Übungen mit Stock und Ball. – Werden die Übungen mit verkürzter Pause durchgeführt, ergibt sich eine Wirkung auf die Schnelligkeitsausdauer.

Übungsformen

– Kniehebeläufe mit maximaler Frequenz.
– Sprints von der Torauslinie bis zur Viertellinie aus verschiedenen Startstellungen (Kniestand, Hocke, Bauch- und Rückenlage; Kopf in und entgegen Laufrichtung; Liegestütz rücklings).
– Verfolgungssprints durch einen Slalom ohne und mit Ball (Abbildung unten).
– Sprints zwischen Viertellinie und Viertellinie mit fliegendem Start.
– Sprints auf der Linie des Schußkreises.
– Pendelstaffel zwischen Viertel- und Mittellinie mit Ball.
– Zuspiel an einen von der Mittellinie aus sprintenden Spieler mit anschließendem Torschuß.

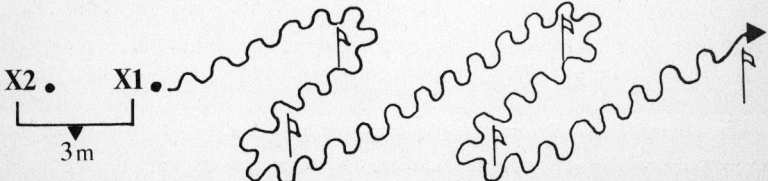

- Sprints zwischen Torauslinie und Viertellinie, Austreiben bis zur Mittellinie, Sprints zwischen Mittellinie und Viertellinie.
- Dribblingwettkampf 1 : 1 auf einer Linie zwischen zwei Markierungen (immer Gesicht zum Partner).
- Sprints zum gegenüberstehenden Hockeystock des Partners (Abbildung links).

Beweglichkeitstraining

Die Beweglichkeit oder auch Gelenkigkeit eines Spielers hängt im wesentlichen von der Dehnbarkeit der auf die Gelenke wirkenden Bänder, Sehnen und Muskeln ab. Hauptinhalt des Beweglichkeitstrainings sind Dehn- und Lockerungsübungen der Muskulatur. Ausschließlich betriebene Kräftigungsübungen vermindern die Elastizität der Muskulatur, weshalb solche Übungen immer in Verbindung mit Dehn- und Lockerungsübungen durchgeführt werden sollten, um beweglichkeits- und damit leistungsmindernden Muskelverkrampfungen vorzubeugen.

Die Beweglichkeit wird durch *wiederholtes* Ausführen der Übung mit Nachfedern erreicht.

Beispiel: Rumpfbeugen im Langsitz

Ziel: Beweglichkeit der Hüftgelenke, Dehnung der langen Rückenmuskulatur, Dehnung der rückwärtigen Beinmuskulatur.

Die Beweglichkeit wird durch *schwungvolles* Ausführen der Übung erreicht.

Beispiel: Vorhochschwingen eines Beins

Ziel: Beweglichkeit der Hüftgelenke

Die Beweglichkeit folgender Gelenke hat für den Hockeyspieler besondere Bedeutung; sie kann durch spezielle Übungen gefördert werden:

Handgelenk
- Drehen der Hände; Finger liegen ineinander.
- Drehen des Schlägers mit einer Hand.

Schultergürtel
- Im Stand Ellbogen und ausgestreckte Arme (Handfläche nach oben) federn im Wechsel nach hinten oben.
- Armkreisen.
- Rutschhalte.

Wirbelsäule
- Seitgrätschstellung; Arme in Seithalte bzw. Arme mit Schläger in Hochhalte, drehen nach rechts und links; desgleichen im Langsitz.
- Rumpfbeugen vorwärts, rückwärts und seitwärts.
- Rumpfkreisen.
- Aus dem Langsitz zurückrollen, Knie neben die Ohren.

Hüftgelenke
- Beinschwingen vor hoch und seitlich hoch.
- Ausfallschritt nach vorn zur Seite mit aufgerichtetem oder nach vorn gebeugtem Oberkörper.
- Hürdensitz, wechselweise auf das vordere und das abgewinkelte Bein federn und auf den Rücken legen.
- Im Stand Fußspitze an das Gesäß ziehen (Oberkörper in Vorlage).

Fußgelenke
- Leichter Ausfallschritt, Fußspitzen gerade aufgesetzt, Ferse federt zum Boden.
- Fersensitz.
- Im Stand Fußdrehungen einwärts und auswärts.

Das Beweglichkeitstraining bildet einen besonderen Schwerpunkt im Training des Torwarts und dient dort sowie bei allen anderen Spielern dazu,
- das Verletzungsrisiko zu mindern;
- einer schnelleren Ermüdung vorzubeugen;
- eine optimale Ausnutzung der Kraft, Ausdauer und Schnelligkeit zu erreichen;
- eine optimale (erfolgreiche, kraftsparende) Bewegungsausführung zu ermöglichen.

Gewandtheitstraining

Durch die Beschaffenheit des Hockeyschlägers – der Ball darf nur mit der flachen Seite gespielt werden – und den verbotenen Körpereinsatz werden an den Hockeyspieler hohe Anforderungen in bezug auf die Geschicklichkeit im Umgang mit dem Schläger, auf die Körperbeherrschung sowie auf die Gesamtkoordination von Körper- und Schlägerbewegung gestellt. Die genannten Bewegungseigenschaften werden unter dem Begriff *Gewandtheit* zusammengefaßt. Insbesondere Spielhandlungen mit Zweikampfcharakter, etwa wenn sich ein Abwehrspieler durch angetäuschte Abwehrschläge in der begleitenden Abwehr mit einer plötzlichen Schlägerbewegung genau in dem Moment, in dem sich der Angreifer den Ball nur zentimeterweit vorlegt, in Ballbesitz bringt, zeigen die Komplexität von gewandten Bewegungen.
Während zunächst Übungen zur allgemeinen Gewandtheitsschulung im Vordergrund stehen, erfolgt später die Entwicklung der speziellen Gewandtheit in Verbindung mit dem Techniktraining.

Übungsformen
– Laufen geradeaus mit ganzen und halben Drehungen;
– Laufen seitwärts mit abwechselndem Vor- und Rückkreuzen;
– Laufen geradeaus; der mit beiden Händen gefaßte Schläger wird rechts und links in der gesamten Länge zum Boden gebracht.
– Balancieren des Schlägers auf verschiedenen Fingern, dem Ellbogen, der Fußspitze und dem angehobenen Knie.
– Prellen des Balls auf dem Schläger, abwechselnd auf der flachen Seite und der Kante, im Stand, im Gehen, im Laufen.
– Den Ball nur mit Gebrauch der flachen Seite vom Boden aufnehmen.
– Den senkrecht gehaltenen Schläger hochwerfen, Körperdrehung und wieder auffangen mit der gleichen bzw. anderen Hand.
– Balancieren (Kinder) bzw. langsames Laufen (Erwachsene) auf der Hallenbande.

Feldhockey

Das Feldhockeyspiel stellt höchste Anforderungen an die motorischen Beanspruchungsformen wie Koordination, Flexibilität, Kraft, Schnelligkeit und Ausdauer. Allgemeine und lokale aerobe und anaerobe Ausdauer sind Voraussetzung für eine ausreichende körperliche Leistungsfähigkeit während der gesamten Spieldauer. Schnelligkeit und Kraft sind erforderlich, um den Ansprüchen im Beschleunigungs- und Spurtvermögen zu genügen. Die azyklischen Bewegungsabläufe, die sich oft in gebückter Haltung vollziehen, sind um so effektiver, je besser die Flexibilität ist. Die Überlegenheit eines Spielers beruht bei guter Ausprägung der vorgenannten Beanspruchungsformen auf seiner Grob- und Feinkoordination, das heißt einer überlegenen Stocktechnik. Daher nimmt die Ausbildung der Geschicklichkeit der Hände als integraler Bestandteil der sportartspezifischen Bewegungsgeschicklichkeit eine zentrale Stellung im Trainingsprozeß ein.

Das Training sollte so aufgebaut sein, daß alle Bewegungen mit und ohne Ball als Vorübungen für das Wettspiel angesehen werden können. Methodisch führt die Entwicklung der Leistungsfähigkeit vom Üben zum Trainieren. Erst wenn einfache Stockbewegungen mit dem Ball im freien Üben koordiniert ablaufen und durch genügende Wiederholungen gefestigt sind, sollte das Training einsetzen. Durch entsprechende Trainingsformen lassen sich dann die technischen Fertigkeiten unter läuferischer Belastung stabilisieren. Das Training mit Spielern verschiedener Leistungsklassen zeigt, daß die Schulung komplizierter technischer Bewegungsabläufe, wobei Körper, Hockeystock und Ball zusammenwirken müssen, nur dann Erfolg hat, wenn die Grundelemente der Hockeytechnik beherrscht werden. Die sichere und automatisierte Ausführung der verschiedenartigen Bewegungen ist auf Dauer nur zu erreichen, wenn auch einfache Ballübungen Bestandteil der Trainingseinheiten sind.

Neben einem großen läuferischen Pensum entscheidet die Stocktechnik über Erfolg oder Mißerfolg. Die hohen Ballgeschwindigkeiten verlangen von den Spielern schnelle Reaktionen. Die Schnelligkeit, mit der die von der Spieltaktik bestimmten Spielhandlungen ablaufen, sowie die den Spielfluß einschränkenden Regeln haben Fehlerquoten zur Folge, die zu zahlreichen Spielunterbrechungen führen. Die Spielhandlungen auf den Positionen sowie das Fehlverhalten der Spieler in Zweikampfsituationen, bedingt durch Sperren oder Spielen des Balls mit dem Körper, verursachen zusätzliche Spielunterbrechungen und geben so dem Hockeyspiel seinen Intervallcharakter.

Geräte und Regeln

Der Hockeystock hat durch den indischen Einfluß seine elegante und feste Form gefunden. Härte und Elastizität des Schafts sowie eine kurze Keulenform sind die Hauptmerkmale, die es zu beachten gilt. Von ihrer Beschaffenheit sind zum Beispiel schnelle Stockbewegungen und -drehungen abhängig. Je härter der obere Teil des Stocks ist, desto schneller können die Bewegungen ausgeführt werden. Beim Schlagen wird die Treffgenauigkeit um so exakter, je kürzer die Keule ist. Das Gewicht des Hockeystocks liegt zwischen 340 bis 794 Gramm und wird in Unzen angegeben (1 Unze = 28,35 Gramm). Das Gesamtgewicht von 794 Gramm darf nicht überschritten werden. Die Keule darf nur so breit sein, daß sie durch einen Ring von 5,10 Zentimeter inneren Durchmesser gezogen werden kann. Die Gesamtlänge des Hockeystocks wird durch die Regeln nicht festgelegt. Im allgemeinen haben Hockeystöcke eine Gesamtlänge von 91 bis 93 Zentimeter (36 bis 37 Zoll, 1 Zoll = 25,4 Millimeter). Während bei der Fertigung des Schafts Malakka- oder Bambusrohr bevorzugt wird, um ihn entsprechend elastisch zu machen und gleichzeitig eine Bruchgefahr weitgehend auszuschalten, besteht die Keule aus Eschen-, Akazien- oder Hickoryholz. Als Umwicklung hat sich die Kombination Stoff- und Lederband bewährt.

Geräte und Regeln

Der zunehmende Gebrauch von Kunststoffen in der Herstellung von Sportartikeln läßt die Vermutung zu, daß es in Zukunft auch Hockeystöcke aus Kunststoff geben wird. Man folgt damit einer Entwicklung, die bereits bei der Herstellung von Hockeybällen begonnen hat. Längst hat man in Deutschland und den übrigen europäischen Ländern die Vorteile der Nicht-Lederbälle erkannt und spielt mit den weitaus formbeständigeren und wesentlich preiswerteren Kompo- oder Plastikbällen. Der Hockeyball hat ein Gewicht von 156 bis 163 Gramm und einen Umfang von 22,4 bis 23,5 Zentimeter. Noch heute schreiben die Regeln vor, daß bei internationalen Spielen Lederbälle zu benutzen sind. Im nationalen Spielverkehr verwendet man vornehmlich Kork-, Kompo- und Plastikbälle. Für das Spiel Minihockey sind bereits Plastikschläger und Plastikbälle (80 Gramm) erlaubt.

Die Abmessungen eines Hockeyspielfeldes sind mit 91,40 mal 55 Meter festgelegt. Zwei Viertellinien (22,9 Meter jeweils von den Torlinien entfernt) und die Mittellinie teilen das Spielfeld in vier gleiche Teile. Die Tore haben Abmessungen von 3,66 mal 2,14 Meter. Als Besonderheit sind die Schußkreise anzusehen. Von den Torpfosten ausgehend, werden sie jeweils durch Viertelkreise gebildet, die mit den parallel zu den Torlinien verlaufenden 3,66-Meter-Linien 14,63 Meter vor den Torlinien verbunden werden (siehe Abbildung unten; Regeln der Fédération Internationale de Hockey – FIH – 1976).

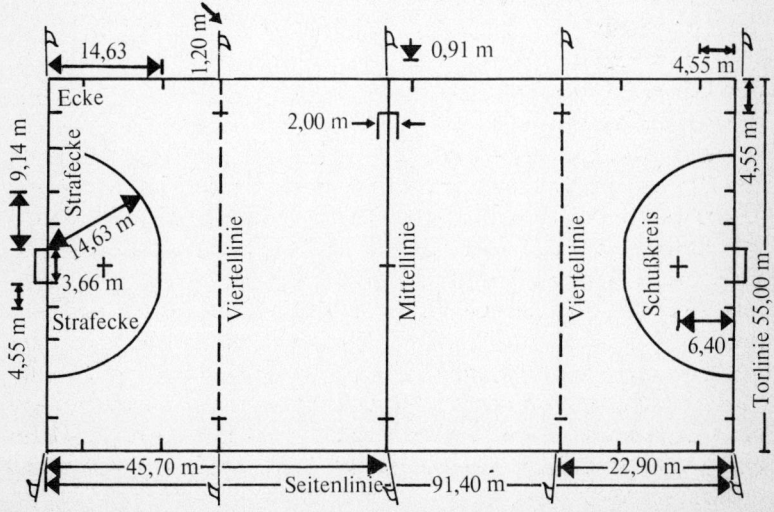

Über die Anzahl der Spieler, die 1875 durch die Engländer mit elf festgelegt wurde, kam es zur Gliederung der Mannschaft, die wir Formation 5-3-2-1 nennen und aus der sich die taktischen Variationsmöglichkeiten ergeben. Die Spielzeit wurde mit 2mal 35 Minuten festgelegt. Das komplizierte Regelwerk wird in einem Spiel jeweils von zwei Schiedsrichtern interpretiert. Sie bedürfen der gegenseitigen Unterstützung. Bedenkt man, daß die Berührung des Balls mit dem Körper sowie Körperdrehungen, bei denen der Gegenspieler vom Ball abgedrängt wird, verboten sind und es im Hockey nur möglich ist, innerhalb des Schußkreises Tore zu erzielen, so bedeuten die Regeln wesentliche Einschränkungen im Handlungsfeld der Spieler. Eine bei der Hockey-Europameisterschaft vom 2. bis 10. 9. 78 in Hannover durchgeführte Feldstudie zeigte, daß durch die komplizierten Regeln, die zu zahlreichen Spielunterbrechungen führen, bei dreizehn Länderspielen eine mittlere effektive Spielzeit von 32 bis 33 Minuten zustande kam. Die gesamte effektive Spielzeit betrug somit circa 47 Prozent der Regelspielzeit. In der ersten Halbzeit waren es circa 46 Prozent, in der zweiten Halbzeit circa 48 Prozent.

Spieltechnisches Training

Die technischen Fertigkeiten sind im Spiel durch komplexe Handlungen geprägt. Ihre Effektivität, die nur subjektiv zu beurteilen ist, kann nicht durch spieltaktische Kollektivhandlungen und physische Fähigkeiten kompensiert werden. Aus diesem Grunde ist es sinnvoll, sportartspezifisch zu trainieren, das heißt durch spielähnliche kombinierte Trainingsformen technische, taktische sowie physische Fähigkeiten gleichzeitig zu schulen. Die Vorteile sportartspezifischer Trainingsbelastungen sind unverkennbar. Die azyklischen Bewegungsabläufe, die Geschicklichkeit und Gewandtheit erfordern, erhalten einen höheren Ausprägungsgrad. Die Frage, ob kombinierte Trainingsformen, in denen sportspielgerechte Situationen geschaffen werden, als Methode die Leistungsentwicklung positiv beeinflussen, kann erfahrungsgemäß bejaht werden.
Betrachten wir das technische Können von Spitzenspielern und sehen ihre filigranartige Ballbehandlung, die sie trotz der Störeinflüsse der Gegenspieler selbst bei hoher Laufgeschwindigkeit beweisen, könnte man sich der Auffassung MEINELS (1960) anschließen, den Begriff der Geschicklichkeit nur bei klein- beziehungsweise feinmotorischen Aktionen anzuwenden. In unseren Trainingsmethoden versuchen wir, Fertigkeiten bewußt zu erlernen. Das bedeutet, mit dem bewußten Erlernen von spezifischen Bewegungsabläufen werden gleichzeitig zahlreiche Anwendungsmöglichkeiten angeboten. Findet ein Spieler unter der führenden Hand des Trainers bei verständlicher Aufgabenstellung entsprechend der Spielsituation die effektivste Lösungsmöglichkeit, so beweist er Bewegungsgeschicklichkeit, die durch die geistige Beweglichkeit unterstützt wird.
Das Sportspiel Hockey fordert von den Spielern permanent kombinierte Bewegungshandlungen und damit ein Umschalten von einer auf die nächste Bewegungshandlung. Wenn RIEDER (1976) den starken kognitiven Anteil der Bewegungsgeschicklichkeit betont und aussagt, Bewegungsgeschicklichkeit bewähre sich besonders in der Bewältigung von Sondersituationen, wobei er die ständig wechselnden Spielsituationen meint, so trifft das in besonderem Maße auf die komplexen Spielsituationen zu. Die perfektionierte Bewegungsausführung, die wir «technische Meisterschaft» nennen (ZACIORSKIJ

1968), soll sich zum Beispiel im Hockey hauptsächlich in den vielfältigen Phasen des Zweikampfs und den kollektiven Aktionen der Spieler bewähren.
Die Geschicklichkeit der Hände bilden ein Teilgebiet der bewegungskoordinativen Fähigkeiten. Daneben sind Kraft, Schnelligkeit und Ausdauer führende Leistungskomponenten des Sportspiels Hockey. Mit dem Könnensstand wachsen vornehmlich die Anforderungen an die Schnelligkeit der Bewegungsausführung und der sportartspezifischen Ausdauer.
Wenn sich unsere Bemühungen gezielt an junge Adressatengruppen richten, so deshalb, weil sich gerade die acht- bis zwölfjährigen Kinder durch hervorragende Bewegungen im koordinativen Bereich auszeichnen. Das vom zentralen Nervensystem harmonisch gesteuerte Zusammenwirken von Nerven und Muskeln erleichtert das motorische Lernen und ermöglicht selbst das Erlernen kompliziertester technischer Bewegungsabläufe. Wie für die übrigen Sportspiele gilt auch für das Hockeyspiel ein frühes Beginnen im Hinblick auf die spätere Spielstärke. Es gilt, die Erkenntnisse über das ‹beste Lernalter› zu nutzen.
Wer bereits mit sechs- bis siebenjährigen Jungen und Mädchen Hockey gespielt hat, weiß um die hohe Motivationsfähigkeit dieser Altersstufe. Überall, wo der Ball im Mittelpunkt steht, ist die Bereitschaft, ihn zu erlaufen und mit ihm zu laufen, sehr stark ausgeprägt. Spielgedanke und schnelle Erfolgserlebnisse faszinieren die meisten Kinder. Untersuchungen über die Einführung des Hockeyspiels bei der Altersstufe sechs bis zehn Jahre, durchgeführt an der Deutschen Sporthochschule Köln, haben gezeigt, daß über das Mini-Hockeyspiel eine gute Methode angeboten werden kann. Mit der Einführung in dieses Dreierspiel kommt es zur Grobform der Technik und zum schnellen Erfolgserlebnis im Kleinfeldspiel. Der Übergang vom Mini-Hockey, unterstützt durch Plastikschläger und -bälle, zum Feld- und Hallenhockey mit den entsprechenden Schlägern und Bällen erfolgt spätestens mit dem achten oder neunten Lebensjahr.

Spielfeld Mini-Hockey
Standardmaße: Länge 30 Meter, Breite 15 bis 20 Meter
Folgende Abweichungen in den Spielfeldmaßen sind möglich:
1. 20 mal 10 bis 15 Meter
2. 40 mal 20 bis 30 Meter
3. 50 mal 25 bis 40 Meter

Mini-Hockey

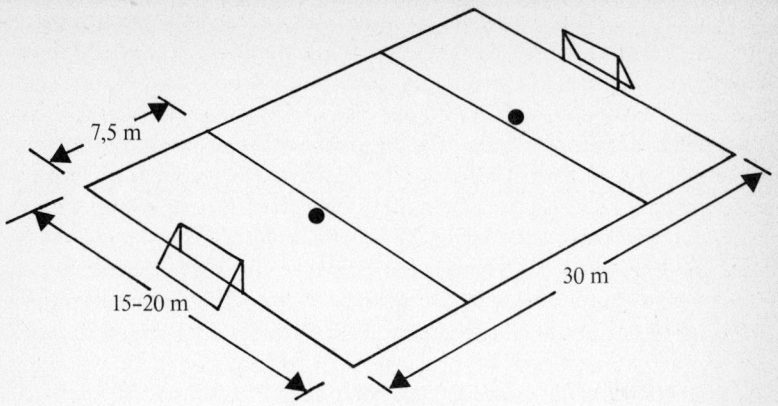

Die variablen Angaben bezüglich der Spielfeldbreite werden bewußt angeraten, wenn keine Seitenbanden wie beim Hallenhockey zur Verfügung stehen.

Bei Kleinspielfeldern, bei denen die Abmessungen mit den Hallenhockey-Maßen identisch sind, wird sowohl Hallenhockey nach den feststehenden Regeln als auch Mini-Hockey mit kleinen Törchen ohne Torwart empfohlen.

Tore
Standardmaße: 90 mal 60 Zentimeter
Bälle
Es sollte mit dem Mini-Hockey-Spezialball, es kann mit Gummi-, Plastik- oder normalen Bällen gespielt werden.
Anmerkung: Wird mit Plastikschlägern gespielt, empfiehlt sich der Plastik- bzw. Gummiball.
Spielen des Balls
Der Ball darf nur mit der linken Seite (flache Seite) der Keule gespielt werden.
In der eigenen Verteidigungszone darf der Ball auch geschlagen werden, wobei die Keule nur bis zur Schulterhöhe geführt werden darf.
Im Mittelfeld und in der gegnerischen Torschußzone sind nur Schiebepässe erlaubt.
Stoppen des hoch gespielten Balls mit der Hand ist erlaubt.
Grundsätzlich wird der Ball flach gehalten. Ausnahme bei Torschüssen: hier ist das Schlenzen und damit das Hochspielen des Balls möglich. (Quelle: Deutscher Hockey-Bund)

Durch die koordinativen Fähigkeiten erhalten die Bewegungen ihren Ausprägungsgrad. Damit sind die Grundlagen der technischen Fertigkeiten im Schulungsprozeß angesprochen. Wenn die Hände den Schläger bewegen, so beeinflussen sie gleichzeitig die Motorik des Körpers und tragen dazu bei, die motorischen Beanspruchungsformen zu entwickeln, die für das Hockeyspiel erforderlich sind. Das motorische Lernen ist ein aktiver Prozeß, in dem der Lernende seine Denkfähigkeit mit einsetzt. Bereits beim einfachen Seitführen des Balls wird deutlich, wie die Hände den Schläger sinnvoll dirigieren, sich Augen- und Handbewegungen abstimmen und das Sinnesorgan die Kontrolle übernimmt. Die Erkenntnis, daß der Ball richtig läuft, wird durch das Denken gesteuert. So gesehen haben Wahrnehmen, Denken und Handeln das Bewegungskönnen zum Ergebnis.

Übungs- und Spielformen mit der bewußten allmählichen Steigerung vom Leichten zum Schweren sind Inhalt unseres Lernschrittverfahrens. Mit der Verbesserung der technischen Grundfertigkeiten und dem damit verbundenen Übergang von der Grob- zur Feinform erhalten die technischen Bewegungsabläufe ihre sportartspezifische Ausprägung. Die zahlreichen Übungs- und Spielformen, die nicht nur das Wechselspiel zwischen Annahme und Abgabe des Balls verbessern, sondern auch das Verständnis zwischen Einzel- und Partnerhandlung unter Berücksichtigung der Gegenspieler ausbilden, schaffen Lernsituationen, in denen die Übenden Spielerfahrungen sammeln können. Die Entwicklungsstationen und zugleich Spielebenen lauten:
- Mini-Hockey,
- Kleinfeldhockey unter Berücksichtigung der Hallenhockeyregeln,
- Feldhockey.

Da frühzeitiges Spielen lernmotivierend wirkt, bedarf es in erster Linie der geschickten Steuerung des Trainers, das Fertigkeitsniveau zu verbessern und von der Grob- zur Feinform zu bringen. Methodisch hat sich das Lernschrittverfahren bewährt, da es zu schnellen Lernerfolgen führt.
Grundsätzlich gehen wir davon aus, in jedem Lernschritt etwas Neues anzubieten. So dienen wiederholende Übungen für bereits erlernte technische Fertigkeiten oft als Einleitung für die neuen Bewegungsabläufe. Somit ist auch für den Trainer eine permanente Lernkontrolle gegeben.

Korrekte Griffhaltung

Laufen mit dem Ball

Die Gewöhnung an Hockeystock und -ball geschieht am schnellsten, wenn die Spieler die Aufgabe erhalten, mit dem Ball einige Schritte langsam zu gehen oder langsam zu laufen. Dabei greift die linke Hand grundsätzlich von links kommend am Griffende zu, während die rechte von rechts kommend darunter zugreift (Fotos oben und Mitte).

Laufen mit dem Ball heißt, ihn zunächst an der rechten Körperseite geradeaus zu treiben. Bei den ersten Laufschritten in der oben beschriebenen Griffhaltung sind zwei Erklärungen wichtig.

1. Der Hockeystock soll wie ein verlängerter Arm wirken, wobei die Schlagfläche (flache Seite) den Ball in Laufrichtung hält.
2. Die rechte Hand liegt zwei bis drei Handbreiten unter der linken.

Das Seitführen ist einfach, wenn der Ball eine entsprechende Entfernung zum rechten Fuß hat. Als Faustregel gilt: ein- bis eineinhalb Fußlängen, damit eine 45-Grad-Neigung des Hockeystocks, wie auf dem Foto unten zu sehen ist, entstehen kann. Nachdem die Spieler im freien Üben einige Male 30 bis 40 Meter mit dem Ball langsam gelaufen sind, beginnen die Grundübungen.

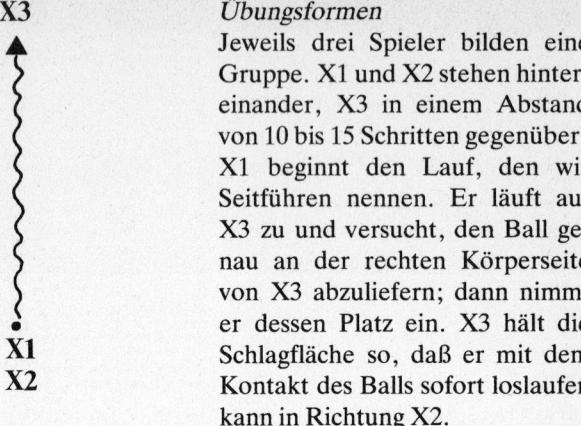

Übungsformen
Jeweils drei Spieler bilden eine Gruppe. X1 und X2 stehen hintereinander, X3 in einem Abstand von 10 bis 15 Schritten gegenüber. X1 beginnt den Lauf, den wir Seitführen nennen. Er läuft auf X3 zu und versucht, den Ball genau an der rechten Körperseite von X3 abzuliefern; dann nimmt er dessen Platz ein. X3 hält die Schlagfläche so, daß er mit dem Kontakt des Balls sofort loslaufen kann in Richtung X2.

Hinweise
- Der Trainer achtet darauf, daß die Übenden während des Seitführens mehrmals den Kopf anheben, damit sie die Laufrichtung beibehalten und den Ball bei den wartenden Partnern abliefern können. Als Hilfe empfinden die Spieler den Hinweis, daß die linke Hand während des Seitführens etwa in Höhe des linken Oberschenkels ist. Dadurch läßt sich die Winkelstellung des Hockeystocks gut korrigieren. Schließlich erleichtert sich der Übende das Seitführen erheblich, wenn die rechte Hand mit den leicht geöffneten Fingern die Impulse zum Vortreiben des Balls gibt. Ziel ist es, den Ball möglichst nah an der Schlagfläche und damit unter Kontrolle zu behalten.
- Schlagfläche etwas nach außen drehen, damit der Ball nicht zu nah an den rechten Fuß gerät.
- Mehrmals kurz aufschauen, um nicht von der Laufrichtung abzuweichen und um sich frühzeitig auf die späteren Störaktionen der Gegenspieler vorbereiten zu können.

Anhalten des Balls aus dem Vorhandseitführen

Beim Anhalten des Balls aus dem Seitführen richtet sich das Hauptaugenmerk auf die linke Hand. Sie allein führt die Drehbewegung (Drehgriff) des Stocks aus, während die rechte lediglich den Griff lockert, aber auf keinen Fall mitdreht. Während des Seitführens bleibt die Schlagfläche dicht hinter dem Ball; beim Anhalten dagegen wird sie vor den Ball gebracht. Die 45-Grad-Neigung des Hockeystocks wird beibehalten. Das bedeutet, daß der Ball während des Laufens mindestens eine Fußlänge vom Körper entfernt bleiben muß. Somit können Arme und Schultern entspannt bleiben. Wieder gilt der Hinweis, daß vor, während und nach der Hockeystockdrehung die linke Hand vor dem linken Oberschenkel bleibt.

Beim Drehgriff greift die linke Hand nicht mehr von links kommend von links zu, sondern von oben, und zwar so, daß der Handrücken erkennbar nach oben zeigt. Nur so ist es möglich, die Stockdrehung mühelos auszuführen. Die rechte Hand lockert während der Drehbewegung ihren Griff und übt somit eine unterstützende Haltefunktion aus. Das linke Bein steht beim Anhalten aus dem Seitführen vorn.

Folgende Lernschritte fördern die Schnelligkeit der Drehbewegung und demonstrieren die Vorteile des Drehgriffs:
- Die Spieler nehmen eine bequeme Grätschstellung ein und legen den Ball etwa eine Fußlänge vor den rechten Fuß. Die Schlagfläche ist dicht hinter dem Ball. Mit leichtem Druck wird der Ball zum linken Fuß geführt und dort wieder unter Berücksichtigung des Drehgriffs angehalten. Die Schlagfläche ist nun in Rückhandstellung,

das heißt links vom Ball. Der Körper bleibt während dieser Bewegung entspannt. Das Körpergewicht begleitet den Ball.
- Der Ball liegt nun eine Fußlänge rechts neben dem rechten Fuß. Die Schlagfläche ist wieder hinter dem Ball; der Hockeystock hat die Neigung von 45 Grad wie beim Seitführen. Mit dem Vorschieben des Balls erfolgt gleichzeitig ein Schritt mit dem linken Bein. Mit dem Aufsetzen des linken Fußes wird der Ball mittels des Drehgriffs angehalten. Gleichzeitig verlagern die Spieler das Körpergewicht nach vorn, damit die Stockhaltung der Ausgangsstellung grundlegend beibehalten werden kann und nur durch die Drehung eine Änderung erfährt. Die rechte Ferse hat sich vom Boden gelöst: die Beine sind leicht gebeugt, der Körper neigt sich etwas nach vorn. Die Armhaltung bleibt entspannt.

Nach diesen beiden vorbereitenden Übungen, die ausreichend Zeit für die Schulung des Drehgriffs bieten, folgt das Laufen mit dem Ball wie in Abbildung Seite 44 beschrieben. Alle Spieler bemühen sich, den Ball so anzuhalten, daß der Partner ihn gleich übernehmen kann. Mit der Erhöhung des Lauftempos werden das Gewicht immer mehr auf das hintere Bein verlagert und die Stemmwirkung des vorderen Beins erhöht. Mit zunehmender Übung werden die Abstände in den Dreiergruppen vergrößert, und der Trainer läßt die Spieler mehrmals auf der Laufstrecke die Bälle anhalten.

Hinweise
- Beim Anhalten bleibt die Winkelstellung des Hockeystocks unverändert.
- Der Drehgriff ist um so wirksamer, je mehr der Griff des Hockeystocks in den Fingergliedern liegt. Der Handrücken zeigt beim Anhalten in Laufrichtung.

Vorhandseitführen mit Kurvenlaufen

Linkskurve: Aus dem Vorhandseitführen wird der Ball vor den Körper gebracht. Der linke Ellbogen ist nah am Körper, die rechte Hand wird nach vorn gedrückt, so daß die flache Seite der Schlagfläche nach links vorn zeigt (Fotos Seite 47 oben). Durch mehrfaches weiches Antippen mit der Schlagfläche nach links vorn kommt die vollständige Linkskurve um die Markierung zustande.

Vorhandseitführen mit Kurvenlaufen

Nach Umlaufen der Markierung wird der Ball wieder an der rechten Körperseite weitergeführt und beim Partner angehalten und somit übergeben.

Rechtskurve: Aus dem Vorhandseitführen wird der Ball überlaufen, das heißt, der linke Ellbogen wird nach vorn gebracht und die rechte Schulter leicht gesenkt (in die Kurve legen). Unterarm und Schläger bilden eine Linie, so daß der Ball in Höhe der Fersen um die Markierung geführt wird (Fotos unten). Nach Beendigung der Rechtskurve wird der Ball wieder im Vorhandseitführen beim Partner angehalten usw.

Übungsformen
Neben den Wiederholungsübungen in Zweier- und Dreiergruppen bewährt sich vor allem der Slalomlauf um mehrere Stangen.

Hinweise
- Bei Linkskurven bleibt der Ball in der Kurve vor dem Körper, wobei die linke Hand eine Mittelstellung zwischen Schlaggriff und Drehgriff einnimmt.
- Das Anhalten des Balls geschieht mit dem Drehgriff.
- In der Rechtskurve bleibt der Ball grundsätzlich an der rechten Körperseite, wobei der linke Ellbogen eine Steuerfunktion hat.
- Während des Kurvenlaufens mehrmals aufschauen, um die Markierungspunkte nicht zu verfehlen.
- Rechtskurve auch mit Hilfe der Rückhand üben.

Indisches Dribbling

Beim Wechselspiel Vorhand und Rückhand wird der Ball mitten vor dem Körper geführt; wir bevorzugen den Drehgriff. Die Aufgabe lautet: den Ball möglichst in einer engen Schlangenlinie vor dem Körper zu führen. Bei der Schulung des Ballführens vor dem Körper ist es zweckmäßig, zunächst frei zu üben. Dabei ist es erleichternd, wenn die Übenden sich zuerst den Ball vor den Körper legen und ihn nur im

Indisches Dribbling

Stand mit der Vor- und Rückhand hin und her bewegen. Bei der nachfolgenden Aufgabe, den Ball in einer Schlangenlinie nach vorn zu führen, geben sie ihre Standposition auf und versuchen, gehend oder langsam laufend den Ball zu führen.

Um den Spielern das Indische Dribbling zu erleichtern, versuchen wir, im Rhythmuslauf die Ballbewegungen zu erlernen: Wenn das rechte Bein aufsetzt, wird der Ball mit der Vorhand berührt; setzt das linke Bein auf, wird der Ball mit der Rückhand berührt (vgl. Bildreihe unten). So werden die Lauf- und Stockbewegungen allmählich harmonisch. Wichtig ist, daß der Ball so weit vor dem Körper liegt, daß der Hockeystock wieder eine 45-Grad-Neigung hat.

Mit dem Übergang vom Seitführen zum indischen Dribbeln werden auch die Voraussetzungen für das Passen aus dem Dribbling nach links und rechts geschaffen.

Übungsformen
- Die Spieler üben zunächst in Dreiergruppen, damit entsprechende Pausen gewährleistet sind. Es darf nicht vergessen werden, daß die Konzentration durch das Ballführen vor dem Körper sehr stark beansprucht wird. Daher ist es sinnvoll, die Laufstrecke zu Beginn nicht über 12 bis 15 Schritte auszudehnen.
- Slalomlauf um 8 Stangen. Die Spieler bemühen sich, bei jedem Schritt den Ball entweder mit Vor- oder Rückhand zu berühren.

Hinweise
- Drehgriff beachten!
- Je mehr der Schaft in den Fingergliedern liegt, desto schneller gelingen die Stockdrehungen.
- Die rechte Hand bleibt zunächst noch in der Mitte des Schlägers und lockert bei jeder Rückhanddrehung den Griff derart, daß der Handrücken permanent nach rechts zeigt.
- Mit der Verbesserung des indischen Dribbelns erleichtern sich auch die Umspielungsversuche des Gegenspielers links und rechts.

Passen und Stoppen des Balls

In der Technikschulung lernen die Spieler, daß sie den Ball schieben, schlagen und schlenzen oder heben können. Im Spiel kommt es darauf an, sich für eine Abspielmöglichkeit entsprechend der Spielsituation zu entscheiden. Wichtig ist, den Ball schnell und genau zu passen. Da nicht nur das Passen, sondern auch das Stoppen des Balls als technische Grundlagen für jedes Kombinationsspiel anzusehen sind, achten wir darauf, den Ball beim Passen zu ‹timen› und sauber zu treffen. Nur so kann auf ebenen Plätzen verhindert werden, daß Bälle, statt zu rollen, permanent springen oder ungewollten Effet bekommen. Wer Schwierigkeiten beim Stoppen hat oder ungenaue Pässe spielt, wird nie ein vollwertiger Spieler seiner Mannschaft werden. Unsicherheiten sind darauf zurückzuführen, daß die korrekten Körper- und Stockbewegungen in der Grundschulung nicht richtig erlernt wurden. Ohne die methodischen Hilfen des Trainers wird vieles vernachlässigt, was die Stopp- und Zielsicherheit fördert.

Im Schulungsprozeß ist es sinnvoll, die Abstände zwischen den Übenden mit 2 bis 3 Schritten festzulegen.

Vorhandschiebepaß aus der Frontalstellung

Die Spieler stehen sich in der Grundstellung frontal gegenüber: die Beine sind etwa schulterbreit gegrätscht. Der Ball liegt mitten vor dem Körper in Höhe der Fußspitzen, von wo aus er dem Partner zugespielt wird. Hierbei behält der Stock den günstigen Winkel von etwa 45 Grad bei, das heißt, daß die linke Hand stets links neben dem linken Oberschenkel ist. Für die Schulung der linken Hand ist dieser Hinweis besonders zu beachten. Um den Körper zu entspannen, erhalten die Spieler den Hinweis, in den Knien ein wenig nachzugeben und den Oberkörper nach vorn zu beugen.

Der Hockeystock ist sowohl beim Schiebepaß als auch beim Stoppen leicht nach vorn geneigt, damit der Ball beim Schiebepaß nicht ansteigen und beim Stoppen nicht hochspringen kann. Die Hände liegen gelöst am Schaft. Bei der Annahme sollten die Handgelenke so geschmeidig bleiben, daß selbst der auf geringe Entfernung entstehende Druck des Balls noch ausreicht, um die Schlagfläche ein wenig nach hinten zu drücken. Das Schieben des Balls erfolgt ohne Ausholbewegung; die Schlagfläche ist also direkt hinter dem Ball.

Frontales Stoppen

Mit dem Spielen auf schnellen Böden kommt dem frontalen Stoppen große Bedeutung zu. Einmal sind es die schnellen Rasenplätze, zum anderen die synthetischen Grasplätze und Hallenböden, die das frontale Stoppen schon aus spieltaktischen Überlegungen erforderlich machen. Die Übenden versuchen bei Bällen, die ein wenig auf das rechte Bein gespielt werden, lediglich das Stoppen mit Gewichtsverlagerung nach rechts bzw. links.

Vorhandschiebepaß aus der Seitstellung

Unter Berücksichtigung der Schubkraft des Körpers vergrößern wir bereits bei den ersten Versuchen die Abstände zwischen den Partnern auf 8 bis 10 Schritte. Der Vorhandschiebepaß wird in Verbindung mit dem frontalen und seitlichen Vorhandstoppen geübt. Vor und nach dem Passen nehmen die Übenden wieder die Frontalstellung ein, damit sie sich an die typische Grundhaltung beim Hockey gewöhnen. In der Seitstellung des Körpers steht grundsätzlich das linke Bein vorn; der Ball liegt etwa eine Fußlänge vor dem Körper, so daß es wieder zu einer Winkelstellung des Hockeystocks von circa 45 Grad kommt.

Beim Schiebepaß stellt sich der Spieler so auf, daß die linke Schulter in Paßrichtung zeigt. Die Füße sind etwa schulterbreit auseinander, die Knie leicht gebeugt. Der Ball liegt mitten zwischen den Füßen, wobei die Winkelstellung (circa 45 Grad) eine gute Kontrolle für die Entfernung des Balls zum Körper darstellt. Die Schlagfläche ist vor dem Schiebepaß dicht hinter dem Ball, und das Gewicht des Körpers verlagert sich nach hinten. Mit dem Vorbringen des Körpergewichts erfolgt ein explosives Vorschnellen der rechten Hand in Paßrichtung, während die linke Hand fixiert bleibt, so daß es zu einer Art Kippbewegung des Schlägers um die linke Hand kommt. Der Ball verläßt die Schlagfläche in Höhe des linken Fußes.

Hinweise
Beim Passen und Stoppen aus der Seitstellung zeigt die linke Schulter in Ballrichtung.
- Die rechte Hand liegt beim Stoppen und beim Vorhandschiebepaß in der Mitte des Schlägers.
- Die Schlagfläche ist sowohl beim Stoppen als auch beim Schiebepaß etwas nach vorn geneigt.

Übungsformen
Spieler 1 nimmt die Seitstellung ein und spielt den Ball mit dem Vorhandschiebepaß zu Spieler 2, der den Ball im Wechsel frontal und in der Seitstellung stoppt. Beim Stoppen in der Seitstellung beachtet Spieler 2, daß er eine Drehung auf dem linken Fußballen einleitet und somit das rechte Bein nach hinten nimmt. Etwa in der Mitte des Körpers stoppt er den Ball und spielt den Vorhandschiebepaß zu Spieler 1 zurück, der ebenfalls aus der Frontalstellung reagiert (Foto oben links).
Nach mehrmaligem Rollentausch stoppt Spieler 1 Rückhand. Der Ball wird etwa in Höhe des linken Fußes gestoppt. Mit dem Ballkontakt heißt es: Knie nach vorn! (Foto oben rechts).

Rückhandschiebepaß aus der Seitstellung

Erhält der Vorhandschiebepaß durch die Gewichtsverlagerung des Körpers bei entsprechender Arm- und Handgelenkkraft einen so starken Druck, daß er sogar als Torschuß wirkungsvoll sein kann, insbesondere beim Hallenhockey, so reicht der Krafteinsatz bei der Rückhand nie aus, um eine derartige Ballgeschwindigkeit zu erreichen. Dies wird bereits durch die kleinere Schlagfläche bedingt, die nach der Stockdrehung noch zum Treffen des Balls zur Verfügung steht.
Das Rückhandpassen sollte in jeder Trainingseinheit geübt werden,

um vor allem das verdeckte, kurze Abspiel nach rechts zu verbessern. Dieses ist besonders auf trockenen und ebenen Spielflächen wie kurz geschorenen Rasenplätzen, synthetischen Rasenplätzen und Hallenböden sehr erfolgreich. Zweifellos bietet die Halle dazu die besten Voraussetzungen.

Wir üben das Rückhandpassen mit dem Partner und beachten dabei, daß es nicht zu einer Ausholbewegung kommt, sondern die Schlagfläche dicht hinter dem Ball ist und der Druck der linken in Verbindung mit dem Zug der rechten Hand den Ball beschleunigt. Es wird deutlich, daß der Ball beim Passen mitten vor dem Körper liegt. An der Winkelstellung des Hockeystocks ändert sich auch beim Rückhandspiel nichts.

Hinweise
- Nicht ausholen beim Rückhandpassen.
- Die Schlagfläche muß senkrecht zum Boden stehen, damit der Ball nicht ansteigt.
- Die rechte Hand liegt etwa in der Mitte des Schafts.
- Beim Rückhandstoppen kann der Ball in Höhe des linken Fußes gestoppt werden.
- Sowohl beim Rückhandpassen als auch beim Stoppen werden die Knie nach vorn geschoben.

Übungsformen
Spieler 1 steht seinem Partner in einem Abstand von 3 Schritten gegenüber. Spieler 2 steht seitlich, so daß die rechte Schulter zu Spieler 1 zeigt. Spieler 1 übernimmt die Zuspielerrolle für Spieler 2, indem er ihm die Bälle genau in die Rückhand spielt. So wird Spieler 2 eingeführt in das Rückhandstoppen aus der Seitstellung, um aus dieser Stellung heraus auch den Rückhandpaß zu spielen. Die Spieler üben mit ihrem Partner und nehmen Aufstellung wie im Foto Seite 54 rechts dargestellt. Wenn der Ball beim Rückhandpassen die Schlagfläche verläßt, darf man nichts hören. Besonders zu berücksichtigen ist, daß Spieler 2 vor der Annahme des Balls mit der Rückhand den Hockeystock so hält, daß die Keulenunterkante zu seinem Partner zeigt. Erst mit dem ankommenden Ball beginnt die Drehung des Stocks nach links. Hier ist der Drehgriff der linken Hand anzuwenden. Bei der Drehung des Schlägers mit der linken Hand löst sich der Griff der rechten Hand, die in der Mitte des Schafts liegt. So ist gewährleistet,

daß die Drehbewegung schnell ausgeführt werden kann und der Oberkörper beim Rückhandstoppvorgang entspannt ist. – Mit zunehmender Übung lernen die Spieler beim Rückhandschiebepaß, die linke Hand vom Dreh- zum Schlaggriff zu wechseln. Nachdem Spieler 1 mehrmals die Rolle des Zuspielers übernommen hat, wird gewechselt. Üben beide Spieler in der Seitstellung, sollten die Abstände zunächst 3 bis 5 Schritte sein (Foto oben).

Vorhandschiebepaß aus dem Lauf

Das Zuspiel zum Mitspieler sowie Einzelangriffe mit abschließendem Torschuß machen das Passen aus dem Lauf erforderlich. Da auch der Zeitfaktor eine wichtige Rolle spielt, müssen die erlaufenen ruhenden oder beim Seitführen rollenden Bälle sowohl mit dem linken Bein vorn (Bildreihe rechte Seite innen) als auch mit dem rechten Bein vorn (Bildreihe außen) gepaßt werden. In den folgenden Übungen werden die Spieler zum bewußten Lernen angeregt. Sie sollen zunächst genügend Zeit haben, sich auf die ruhig liegenden Bälle einstellen zu können, dann aber auch die Paßgenauigkeit bei rollenden Bällen unter Beweis stellen.

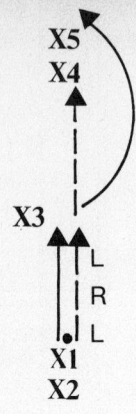

Übungsformen
Fünf Spieler bilden eine Übungsgruppe, wobei einer in der Mitte steht und die zugespielten Bälle mit der Hand stoppt. So bilden X1 und X2 sowie X4 und X5 jeweils ein Paar, während X3 die Mittelposition einnimmt. Die Abstände der Zweiergruppen zu X3 betragen 4 bis 5 Schritte. X1 paßt zu X3. Wenn dieser den Ball mit der Hand gestoppt hat, beginnt für X1 der Lauf zunächst im Dreischrittrhythmus: links-rechts-links und Paß zu X4. Nach dem Paß schließt sich X1 hinter X5 an, und X4 übt usw. Der Dreierrhythmus fordert die Spieler zu bewußten Bewegungshandlungen heraus. Bei gleicher Aufstellung in den Fünfergruppen beginnt X1 den ersten Laufschritt mit dem rechten Bein, nachdem er den Ball an X3 gepaßt hat. Das heißt rechts-links-rechts, Passen und Anschließen. Beim Aufsetzen des rechten Beins vor dem Paß wird der Oberkörper weit nach vorn gebeugt. So kommen auch die Arme entsprechend weit nach vorn. Wer nach der Bewegungsmelodie rechts-links-rechts die Schlagfläche dicht hinter den Ball bringt, lernt gleichzeitig, den Ball ohne Ausholbewegung, aber mit dem Druck des Körpers zu passen. Nach anfänglichen Schwierigkeiten entwickelt sich schon bald der harmonische und damit fließende Bewegungsablauf. Die Spieler können dann allmählich die Abstände zum Mittelspieler vergrößern.

Mit der Aufgabenstellung, den rollenden Ball zu passen, lernen die Spieler gleichzeitig, temperierte Schiebepässe zu spielen. Sie sollen sich selbst eine Vorlage geben, das heißt den Ball etwa 5 bis 6 Schritte in Richtung zum Partner spielen, hinterherlaufen und den Ball dann zum Partner passen. Die Aufgabenstellung ist jedoch nur dann gelöst, wenn der Ball im Augenblick des Passens aus dem Lauf noch nach vorn rollt. Wieder beginnen die Spieler mit dem linken Bein und dann mit dem rechten Bein vorn. Während beim Passen mit dem linken Bein vorn die linke Schulter im Augenblick der Ballberührung in Paßrichtung zeigt, bleibt der Oberkörper beim Passen mit dem rechten Bein vorn frontal (BUDINGER und HILLMANN 1975).

Hinweise
- Die spieltechnischen Fertigkeiten eines Spielers können nur dann als gut bezeichnet werden, wenn genaue und druckvolle Schiebepässe gelingen mit dem linken wie dem rechten Bein vorn.
- Beim Passen aus dem Lauf ist die Technik um so höher zu bewerten, je geringer die Ausholbewegung ist.

Ballannahme in der Bewegung

Das dynamisch vorgetragene Kombinationsspiel erfordert die selbstverständliche und sichere Ballannahme in der Bewegung. Fehler bei der Ballannahme unterbrechen oder beenden sogar die Angriffshandlung. Das sichere Annehmen ist nicht nur durch Übungs- und Wettspiele zu erlernen; Vorbedingung bleibt vielmehr die zweckmäßige Übungsform im Training, da ein mit unterschiedlichen Geschwindigkeiten zugespielter Ball im Lauf schwieriger zu stoppen ist als bei ruhiger Körperstellung.

Übungsformen
Die Fotos unten und auf Seite 60 oben zeigen vier Spieler beim Üben der Ballannahme Vorhand und Rückhand. Das Zuspiel wird so dosiert, daß die Übenden die Bälle erreichen können. Gelingt dies nicht, stoppen die auf den Positionen stehenden Spieler den Ball.

Übungsformen Ballannahme in der Bewegung

Für die auf den Fotos dargestellte Übungsform gilt folgender Übungsverlauf: Die Spielerin nimmt nach dem Rückhandstoppen und dem anschließenden Rückpaß an die Zuspielerin die Position der stehenden Spielerin ein. Diese läuft nun nach rechts und versucht, den von der Zuspielerin nach links gepaßten Ball aus der Bewegung mit der Vorhand zu stoppen. Nach ihrem Rückpaß folgt auch hier der Positionswechsel usw. – Auf eine weitere Darstellung von Übungsformen kann hier verzichtet werden mit dem Hinweis auf die vorliegende Hockey-Fachliteratur sowie Übungen im Kapitel «Kombinationen», Seite 95 ff.

Schlagen des Balls

Vorhandschlag

Beim Vorhandschlag steht der Wechsel vom Dreh- zum Schlaggriff im Vordergrund. Lage des Balls und Haltung des Hockeystocks spielen eine große Rolle beim optimalen Treffen des Balls. Die Füße stehen wieder etwa schulterbreit auseinander; die Hände liegen dicht beieinander am Stock.
Den nachfolgenden Hinweis über den Griff der linken Hand müssen sich die Spieler einprägen. Durch die in spielerischer Form entwickelte Stocktechnik, die ja von der ersten Übungsstunde an das Wechselspiel der Hände erforderlich macht, neigt der Übende dazu, beim Schlag zu vergessen, den Wechsel vom Dreh- zum Schlaggriff vorzunehmen. Nur wer mit der linken Hand von links und der rechten von rechts zugreift, kann den höchsten Beschleunigungsgrad des Balls erreichen.
Die Technik des Vorhandschlags bereitet kaum Schwierigkeiten, wenn die Spieler nicht den Fehler begehen, mit Kraft schlagen zu wollen. Die schwungvoll leichte Schlagbewegung ohne Krafteinsatz führt zum schnelleren Lernerfolg.
Den Ablauf der Schlagbewegung unter Berücksichtigung der Stockfehlerregel zeigt die Bildreihe unten.

Beim Üben des Vorhandschlags ist es sinnvoll, partnerweise zu üben in Abständen von 8 bis 10 Schritten. Bei der kurzen Ausholbewegung – etwa bis Hüfthöhe – verlagert sich das Körpergewicht flüchtig auf das rechte Bein und folgt dann der Schlagbewegung. Die Keulenspitze zeigt in der Ausholbewegung und nach dem Schlag nach oben. In der Lernphase werden die Arme beim Zuschlagen zwar lang, aber erst nach dem Treffen des Balls gestreckt. Es wird also eine ganz leichte Beugung mit den Armen sogar empfohlen.

Besonders intensiv kann das Schlagen geübt werden, wenn eine Mauer zur Verfügung steht und jeder Spieler in der Einzelübung so zu zahlreichen Wiederholungen kommt. Dabei kann beim Schlagen gleichzeitig das Stoppen frontal und seitlich geübt werden. Zur Kontrolle ist es gut, wenn die Übenden in der Ausholphase kurz den Blick auf die Schlagfläche richten. So können sie erkennen, ob die Keulenspitze nach oben zeigt und beide Arme leicht gebeugt sind. Außerdem gilt der Blick dem rechten Ellbogen, der auf keinen Fall nahe den Rippen liegen darf.

Vorhandschlag aus dem Lauf geradeaus

Die Bildreihe auf der rechten Seite innen zeigt, daß der Spieler beim Seitführen die rechte Hand etwa zwei Handbreiten unter der linken Hand hat. Mit dem Beginn der Ausholbewegung gleitet die rechte zur linken Hand. In der Schlagphase liegt der Ball in Höhe des vorderen Fußes. In der Bildfolge innen ist das linke Bein vorn, womit eine Schrittfolgenänderung verbunden ist.

Kommt es nicht zur Schrittfolgenänderung, ist das rechte Bein beim Schlag vorn (Bildreihe außen).

Vorhandschlag aus der Körperdrehung

Beim Schlag nach links steuert der Spieler den Ball von der rechten Körperseite vor die linke Fußspitze. Die linke Schulter bleibt in Schlagrichtung (vgl. Bildreihe). Wird der Ball nach rechts geschlagen, muß der Spieler den Ball so umlaufen, daß in der Schlagphase ebenfalls die linke Schulter in Schlagrichtung zeigt.

Hinweise
- Beim Schlagen wird die Entfernung des Balls von den Füßen durch die 45-Grad-Winkelstellung des Hockeystocks bestimmt.
- Schlagkraft der linken Hand beachten; die rechte Hand liegt unter der linken Hand.
- Die Keulenspitze darf weder in der Ausholbewegung noch nach dem Treffen des Balls über Schulterhöhe schwingen.

Vorhand- und Rückhandpaß aus dem Lauf

Den Vorhandpaß nach rechts aus dem Seitführen kann man am einfachsten und intensivsten mit einem Partner üben. Zunächst achten die Übenden darauf, daß im Augenblick der Ballabgabe das linke Bein vorn ist und der Ball zwischen der linken Ferse und der rechten Fußspitze liegt (vgl. Bildreihe rechts). Von der Lage des Balls hängt es ab, ob der Hockeystock wieder in seine 45-Grad-Winkelstellung gerät und somit die Voraussetzung gegeben ist, den Ball quer zur Laufrichtung zu spielen. Der Oberkörper wird nach rechts gedreht und gebeugt, so daß der rechte Arm erst in der Endphase des Abspiels zur Streckung kommt. Je dichter der Ball am Körper liegt, desto druckvoller kann der Paß sein.

Ist das rechte Bein beim Passen vorn, so ist zu beachten, daß der Ball ein wenig nach vorn – etwa bis zur Ferse des rechten Fußes – genommen wird, um ihn mühelos nach rechts zu spielen (vgl. Bildreihe Seite 66).

Bleibt der Ball zu weit hinten, so kommt es zu einer übertriebenen Krümmung der Wirbelsäule und einem unnötigen Zurückbeugen des Oberkörpers. Beides wirkt sich nachteilig auf die Paßgenauigkeit aus. Wiederholungen führen dazu, daß die Spieler schon bald in der Lage sind, entsprechend der Spielsituation den Ball sowohl mit dem linken als auch mit rechten Bein vorn mit der Vorhand nach rechts zu passen.

Vorhandquerpaß nach links

Aus dem Seitführen wird der Ball mitten vor den Körper gebracht, so daß es mühelos möglich ist, mit einem leichten Schiebepaß oder sogar mit leichter Ausholbewegung den Ball quer zur Laufrichtung, in diesem Fall nach links, zu spielen. Es kommt im wesentlichen darauf an, die Schlagfläche parallel zu den Füßen zu halten und den Oberkörper mit der Schlagbewegung leicht nach links zu drehen. Die Fußspitzen bleiben in Laufrichtung. Es ist günstig, wenn der Ball im Augenblick des Treffens ein wenig aus der Körpermitte nach links gerät. Für die Spieler kommt es darauf an zu lernen, sowohl mit dem linken Bein vorn als auch mit dem rechten Bein vorn nach links zu schlagen.

Rückhandquerpaß nach rechts

Um den Übergang vom Seitführen zur Ballführung vor dem Körper zu verbessern, wird der Rückhandpaß zunächst aus dem Seitführen geübt. Erst wenn dieser Übergang mühelos gelingt, sind die Voraussetzungen für den Querpaß nach rechts mit der Rückhand geschaffen. Der Ablauf gelingt leichter, wenn bei den ersten Rückhandquerpässen zunächst das linke Bein vorn ist. Das erklärt sich bereits aus der Tatsache, daß beim rhythmischen Dribbeln vor dem Körper der Ball mit der Rückhand stets nach rechts gespielt wird, wenn das linke Bein nach vorn kommt.

Beherrschen die Spieler erst einmal das Passen mit der Rückhand, spielt es später keine Rolle mehr, welches Bein vorn steht. Besondere Beachtung verdient erneut das Wechselspiel der Hände. Mit dem Drehgriff der linken Hand und der Zugbewegung des rechten Arms gelingt der Rückhandpaß ohne erkennbare Ausholbewegung. Beachten die Spieler diesen Hinweis, so erlernen sie das verdeckte Abspiel, das im Wettspiel große Erfolgsmöglichkeiten hat.

Übungsformen

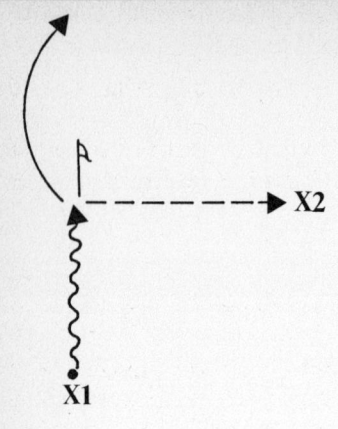

Das Training der Paßmöglichkeiten nach links und rechts wird am intensivsten mit dem Partner geübt. X1 steht etwa 6 bis 8 Laufschritte vor der Markierungsstange; X2 wählt die gleiche Entfernung, steht allerdings rechts von der Stange. X1 führt den Ball zunächst an der rechten Körperseite und spielt ihn wie beschrieben mit einem Querpaß nach rechts. Nach dem Querpaß läuft er mit der rechten Schulter an der Markierung vorbei und bleibt nach etwa 6 bis 8 Laufschritten stehen. Nun startet X2 und verfährt ebenso.

Beim Vorhandpassen nach links und Rückhandpassen nach rechts wird die gleiche Übungsform gewählt; jedoch wird aus dem Seitführen vor dem Abspiel nach links oder rechts der Ball erst mitten vor den Körper gebracht.

- Vier Spieler stehen jeweils 6 bis 8 Schritte vom Markierungspunkt entfernt. Die Spieler X1 und X2 haben je einen Ball.

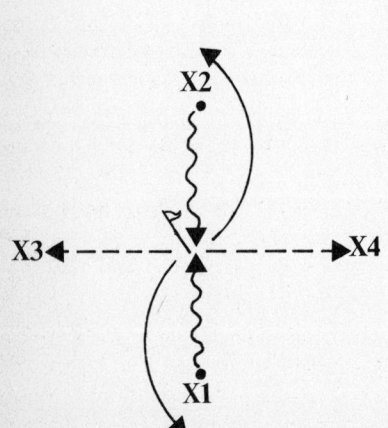

Auf ein Signal laufen beide in Richtung Markierungspunkt, bringen den Ball kurz vor dem Markierungspunkt mitten vor den Körper und spielen einen Vorhandpaß nach links. Danach laufen sie beide mit der linken Schulter entsprechend ihrer Laufrichtung an der Stange vorbei, bleiben nach etwa 6 bis 8 Schritten stehen und drehen sich um in Ballerwartung usw.

Hinweise
- Gelingt es nicht, den Ball quer zur Laufrichtung nach rechts oder links zu spielen, ist das Hauptaugenmerk auf die Stellung der Schlagfläche zu richten.
- Beim Vor- und Rückhandpassen nach links und rechts aus dem Lauf sollte nach Möglichkeit keine Ausholbewegung erkennbar sein.

Angetäuschter Vorhand- und Rückhandpaß

Körper- und Stocktäuschungen, die verdeckte Pässe ermöglichen, gehören wie das Stoppen und Passen zum technischen Rüstzeug des Spielers. Da sie ohne größere Schwierigkeiten erlernt werden können, sollte man sie dem Anfänger so früh wie möglich zeigen. Der Trainer beobachtet immer wieder, daß Bewegungsabläufe, die man für schwierig hält, von den Spielern schnell erlernt werden. Das liegt daran, daß diese Bewegungsabläufe interessant sind und damit lernmotivierend wirken.

Bei den ersten Lernschritten liegt der Ball zunächst mitten vor dem Körper; die Beine stehen in der Grundstellung. Durch diese Ausgangsstellung sind Paßmöglichkeiten nach beiden Seiten gegeben. Beim angetäuschten Schiebepaß nach rechts wird die Schlagfläche zunächst vor dem Ball vorbeigeführt, und zwar von rechts nach links, so daß der Ball nicht getroffen wird. Während des angetäuschten Schlags wird der Schläger mit dem Drehgriff bereits um eine Vierteldrehung nach links gedreht; dann erfolgt der Rückhandschiebepaß nach rechts. Das Körpergewicht verlagert sich mit der Täuschung nach links, folgt dann jedoch der Paßbewegung nach rechts.

Der angetäuschte Schiebepaß nach links wird analog ausgeführt, das heißt, dem angetäuschten Rückhandschlag, bei dem die Schlagfläche wieder dicht vor dem Ball vorbeigeführt wird, folgt der Vorhandschiebepaß mit der entsprechenden Gewichtsverlagerung.

Übungsformen
X1 spielt seinem Partner die Bälle zu. Er steht frontal und spielt auch die Bälle mitten auf den Körper, genau vor den Körper des Partners. X2 steht mit der linken Schulter zu X1, stoppt den Ball mit der Vorhand, täuscht einen Rückhandschlag an und spielt den Ball Vorhand

wieder zurück. Dasselbe folgt mit dem angetäuschten Vorhandschlag und dem Rückhandpaß; dann steht allerdings die rechte Schulter zum Partner.
- Zwei Spieler stehen sich in einem Abstand von 3 bis 5 Schritten seitlich gegenüber; die rechte Schulter zeigt zueinander. Spieler 1 täuscht Vorhand an und spielt Rückhand zu Spieler 2. Dieser nimmt den Ball mit der Rückhand an, täuscht Vorhand und spielt Rückhand zurück.

Mit diesen einfachen Übungen ist es möglich, das angetäuschte Passen mühelos zu erlernen.

Hinweise
Die Schlagfläche muß beim angetäuschten Schlag grundsätzlich dicht vor den Ball nach rechts bzw. nach links geführt werden, damit die Täuschung echt aussieht.
- Nach dem angetäuschten Schlag sollte die Schlagfläche nicht mehr als 20 bis 30 Zentimeter vom Ball weggeschwungen werden.
- Grundsätzlich ist mit dem angetäuschten Schlag eine Gewichtsverlagerung in Richtung des Schlags verbunden. Danach folgt das Körpergewicht dem getroffenen Ball.

Heben des Balls

Die Schulung der Technik wäre unvollständig, würde nicht auch die Ausführung des Hebeballs beschrieben. Im Feldhockey gibt es zuweilen Situationen, in denen aus taktischen Überlegungen heraus der Ball über die Gegenspieler hinweg gehoben wird. Sofern mit diesem Hebeball keine gefährlichen Spielsituationen geschaffen werden, ist er grundsätzlich erlaubt. Am zweckmäßigsten wird mit dem Partner geübt. Die Abstände sind so zu wählen, daß die Übersicht für alle erhalten bleibt. Am günstigsten ist wohl das Üben in Richtung der Seitenlinien.

Bei der Ausführung des Hebeballs steht der Körper seitlich, das heißt, die rechte Schulter zeigt in Richtung des Abspiels (siehe Foto Seite 71 oben links). Der Ball liegt in Höhe des rechten Fußes. Um die gegebene Hebelwirkung voll nutzen zu können, liegt die rechte Hand etwa in der Mitte des Schafts. Die linke führt im Augenblick des Anhebens zuerst eine Druckbewegung nach unten durch, um dann dem Auf-

Übungsformen Hebeball

wärtsführen des Stocks zu folgen. Die Schlagfläche muß so an den Ball gebracht werden, daß er voll erfaßt werden kann. Hilfreich ist, wenn die Daumen beider Hände, wie auf dem Foto oben links dargestellt, lang auf der flachen Seite liegen und in Richtung Schlagfläche zeigen.

Wer die einfache Ausführung des Hebeballs beherrscht, kann die Ausgangsstellung des Stocks schon bald verändern. Bei gleichbleibender Körperstellung wird nur die flache Seite der Keule zu Beginn des Hebeballs rechts vom Ball angesetzt (siehe Foto oben rechts). Mit einer schnellen Rechtsdrehung des Stocks, wobei die Schlagfläche unter den Ball kommt, setzt dann wieder die bereits oben beschriebene Hebelwirkung der Arme ein.

Übungsformen
- Die Spieler heben den Ball gegen ein Hindernis, etwa gegen eine Mauer. Es wird in der Seitstellung geübt; die rechte Schulter zeigt zur Mauer.
- Zwei Partner heben sich im Abstand von 10 bis 15 Schritten den ruhenden Ball aus dem Stand zu. Einmal liegt der Ball vor dem Außenfuß, dann wieder vor der Fußspitze.

Hinweis
- Der Hebeball kann mit einer Schaufelbewegung verglichen werden.

Schlenzen des Balls

Steigt bei einem Schiebepaß der Ball ungewollt an, hat der Spieler bei der Schubbewegung nach vorn die Schlagfläche ein wenig nach hinten geneigt. Infolgedessen steigt der Ball an, und wir sprechen vom Schlenzball (siehe auch «Hallenhockey», Seite 161 ff). Da das Schlenzen ähnlich wie das Heben auch das Überspielen einer gegnerischen Abwehr ermöglicht, machen geschickte Mittelfeldspieler von dieser Möglichkeit gern Gebrauch. Bei guter und durch die Schubwirkung des Körpers unterstützter Technik erreichen geschulte Spieler Weiten bis zu 50 Meter. Aber nicht nur als Vorlage für den freien Raum, sondern auch als Torschuß hat der Schlenzball besondere Bedeutung erlangt. Einmal durch den 7-Meter im Feldhockey, zum anderen als Art des Torschusses bei Feld- und Hallenhockey.

Es ist einleuchtend, daß in Situationen, in denen die Ausholbewegung zum Torschuß durch den Schlag nicht mehr möglich ist, die schnelle Schlenzbewegung vorteilhaft ist.

Beim Schlenzen wird die Beinstellung ein wenig erweitert, etwa auf eine Stocklänge. Die Füße stehen hintereinander, und die linke Schulter zeigt in Richtung des Abspiels. Der Ball liegt zu Beginn des Übens zunächst in Höhe des linken Fußes, und zwar so weit davon entfernt, daß nach dem Ansetzen der Schlagfläche an den Ball das Ende des Schafts sowohl am linken als auch am rechten Bein vorbeigeführt werden kann (Fotos Seite 73).

In der Ausgangsstellung sind beide Arme gebeugt. Je tiefer die rechte Hand zufaßt, desto mehr muß die rechte Schulter auch nach unten geführt werden. Die linke Hand paßt dem Schlaggriff zu, während der Handrücken der rechten Hand entgegen der Paßrichtung zeigt. Bei der Ausholbewegung wird das Gewicht des Körpers auf das hintere Bein verlagert. Mit dem Vorbringen des Körpergewichts kommt es durch ein schnellkräftiges Vorbringen der rechten Hand und gleichzeitig im Druck der linken Hand nach hinten zu einer Kippbewegung. Durch diese Kippbewegung, die wir mit Handgelenken ausführen, steigt der Ball an.

Übungsformen
- Die Spieler stehen im Abstand von 3 bis 5 Schritten vor einer Mauer oder einem Zaun, schlenzen zuerst ohne, später mit Zielangabe den Ball gegen die Mauer.

Übungsformen Schlenzball

- Zielschlenzen zum Partner; Abstand nach Leistungsstand 5 bis 10 Schritte.
- Spieler üben den Schlenzer als Torschuß, wobei, wenn immer möglich, der Torwart einbezogen wird.

Schlenzen aus dem Lauf

Ähnlich wie beim Lernschrittverfahren zur Schulung des Schiebepasses aus dem Lauf verfahren wir auch beim Schlenzen aus dem Lauf. Die aufgeführten Übungen (vgl. Abbildung Seite 58) werden so lange

durchgeführt, bis die Spieler sowohl mit dem linken Bein vorn als auch mit dem rechten Bein vorn den Partnern die Bälle etwa in Körperhöhe aus dem Lauf zuschlenzen können. Lediglich die Abstände werden in der Übungsform ein wenig erweitert.
Bei den Schlenzübungen lernen die Spieler gleichzeitig das Stoppen hoher Bälle. Dabei kommt es in erster Linie darauf an, die Schlagfläche senkrecht zu halten und den Griff der Hände am Schaft zu lösen.
Als gut ist das Stoppen hoher Bälle zu bezeichnen, wenn diese senkrecht nach unten fallen und nicht nach vorn wegspringen.

Hinweis
- Bei der Schulung des Schlenzens kann zunächst mit der rechten Hand allein geübt werden, um die Aufmerksamkeit auf das bewegliche rechte Handgelenk zu konzentrieren.

Abwehrtechniken

Vorhandabwehrschlag

Unter Abwehrtechniken ist in erster Linie der Abwehrschlag zum Ball einzuordnen.
In den ersten Lernschritten müssen die Spieler Gelegenheit haben, erst einmal den ruhig vor ihnen liegenden Ball zu treffen.
Der Abwehrschlag wird eingeleitet aus der Bereitschaftsstellung. Die Füße stehen dabei parallel und sind etwa schulterbreit auseinander, die flache Seite des Schlägers zeigt nach oben.
Damit das Körpergewicht auf den Fußballen liegt, werden die Knie leicht nach vorn geschoben.
Die Spieler beginnen den Abwehrschlag mit der Unterstützung des Körpers.

Vorhandabwehrschlag

Der Oberkörper dreht sich auf dem rechten Fußballen nach rechts.

Jetzt löst sich die rechte Hand vom Schläger, und durch schnelles, kräftiges Strecken des linken Arms wird der Schläger zum Ball geführt. Mit dem schnellen Vorbringen des Hockeystocks wird das linke Bein nach vorn gesetzt. Wichtig ist, daß nur der linke Arm den Schlag ausführt.

Nach dem Berühren des Balls soll die Schlagfläche nicht über die Körpermitte nach links weiterschwingen.

Der Spieler versucht, so schnell wie möglich die Bereitschaftsstellung zurückzugewinnen.

Übungsformen

Jeder Übende hat 2 bis 3 Schritte vor dem Körper einen Ball liegen und versucht (wie oben beschrieben), den Abwehrschlag zum Ball auszuführen. Mit jedem Schlag sollte der Ball getroffen werden, allerdings so, daß er nur 1 bis 2 Schritte wegrollt. Das hat den Vorteil, daß man lernt abzuwehren, um anschließend selbst in den Besitz des Balls zu kommen. Günstig ist, wenn die Spieler auch beim Erlernen des Abwehrschlags Rhythmusschritte ausführen, das heißt aus der Bereitschaftsstellung links-rechts-links zuschlagen.

Stechen

Der Begriff Stechen setzt sich immer mehr durch. Die Schnelligkeit, mit der die Angreifer auf schnellen Böden den Ball vor dem Körper führen, macht eine Abwehr ohne Ausholbewegung erforderlich. Man kann also sagen: Wenn der Angreifer schnelle Ballbewegungen beherrscht, muß der Abwehrspieler entsprechend reagieren können.
Aus der Bereitschaftsstellung stoßen die Spieler schnellkräftig den Schläger mit dem linken Arm nach vorn. Diese Stoßbewegung wird durch das Vorsetzen des linken Beins unterstützt (siehe Fotos). Es gilt, den Ball zu treffen, wobei die Schlagfläche nach oben zeigt.

Übungsformen
- Im Dreierlauf führt Spieler 1 den Ball an der rechten Körperseite in Richtung Spieler 2. Dieser reagiert aus der Bereitschaftsstellung und versucht, mit dem Abwehrschlag den Ball zu treffen, den er an-

schließend zu Spieler 3 führt. Spieler 3 führt nun von sich aus den Abwehrschlag aus usw. In dieser Übung kommt es nur darauf an, den Abwehrschlag zu üben und nicht den Abwehrspieler zu umspielen.
- Spieler 1 legt den Ball mitten vor den Körper. Spieler 2 steht ihm gegenüber und versucht, durch Stechen den Ball zu treffen. Jedesmal, wenn Spieler 2 zusticht, versucht Spieler 1, den Ball nach links oder nach rechts wegzuziehen.

Rückhandabwehrschlag

Der Rückhandabwehrschlag beginnt ebenfalls aus der Bereitschaftsstellung und wird mit dem linken Arm durchgeführt. Im Augenblick der Abwehr geht diesmal jedoch das rechte Bein mit nach vorn, damit das Körpergewicht vom linken Bein gestützt werden kann.

Zur Einführung des Rückhandabwehrschlags legt sich der Spieler den Ball 3 bis 5 Schritte vor den Körper und versucht, auch unter Berücksichtigung der Rhythmusschritte rechts-links-rechts, den Ball zunächst überhaupt zu treffen und beim weiteren Üben den Ball so zu treffen, daß er nicht mehr als 1 bis 1,5 Meter wegrollt. Auch mit dem linken Bein vorn üben.

Übungsformen
- Die Partner stehen sich im Abstand von circa 10 Schritten gegenüber; der Ball liegt jeweils 5 Meter vor ihnen. Auf das Signal des Trainers setzen sich die Spieler mit Rhythmusschritten rechts-links-rechts in Bewegung und versuchen, den Ball mit der Rückhand zu treffen.
- Spieler 1 hat den Ball mitten vor dem Körper liegen; Spieler 2 steht ihm gegenüber und versucht, den Ball mit der Rückhand wegzuschlagen. Spieler 1 versucht, das durch Wegziehen des Balls mit der Vor- oder Rückhand zu verhindern.

Hinweise
- Bei allen Abwehrschlägen kommt es darauf an, daß der Spieler nicht nur den Ball trifft, sondern ihn auch hinterher schnellstens unter Kontrolle bringt.
- Abwehrschlagbewegungen grundsätzlich aus der Bereitschaftsstellung beginnen!

Umspielen

Die Fertigkeit, einen Gegner mit dem Ball an der Schlagfläche zu umspielen, hat für das Angriffsspiel große Bedeutung. Da im Augenblick des Ballgewinns alle Spieler einer Mannschaft zu Angreifern werden, müssen auch alle diesen Teil der Hockeytechnik beherrschen. Voraussetzung für das Umspielen des Gegenspielers, entweder links oder rechts, ist die Fähigkeit, den Ball vor dem Umspielen mitten vor den Körper zu bringen. Die Spieler müssen deshalb lernen, aus dem Seitführen den Ball vor den Körper zu bringen, um dann entweder den Ball nach links oder nach rechts in Verbindung mit den entsprechenden Laufschritten zu führen. – Wichtig ist, daß der Ball unter Kontrolle, also dicht an der Schlagfläche bleibt.

Umspielen Vorhand

Erfahrungsgemäß haben die meisten Spieler Schwierigkeiten, den Ball vor dem Abwehrspieler quer zur Laufrichtung zu ziehen, um so seiner Reichweite zu entgehen. Aus diesem Grund ist es empfehlenswert, diese wichtige Phase zunächst aus dem Stand zu erlernen. An einem Markierungspunkt (Stange) läßt sich das mühelos erlernen. Die Spieler legen den Ball etwa 20 bis 30 Zentimeter vor die Stange und schieben nun ohne Ausholbewegung den Ball quer nach links. Übernommen wird der Ball dann mit der Rückhand, allerdings nur mit einer Ballberührung; danach wird sofort mit der Vorhand weitergeführt. Nach abgeschlossenem Umspielungsablauf stehen alle auf der Gegenseite der Stange und wiederholen die Übung.

Wenn erkennbar ist, daß die Spieler den Bewegungsablauf in der Grobform beherrschen, treten alle 6 bis 8 Schritte von der Stange zurück und beginnen nun das Umspielen Vorhand aus dem Seitführen. Jetzt kommt es darauf an, kurz vor der Markierung – circa 2 Schritte – den Ball von der rechten Körperseite mitten vor den Körper zu dirigieren und dann, wie bei der Einführung, die Umspielphase technisch richtig auszuführen. Schwierig ist dabei, daß die Spieler lernen, den Übergang vom Seitführen in die Umspielphase fließend zu gestalten. Es zeigt sich, daß die Umspielphase aus dem Stand eine wichtige Vorübung ist. Die Stange als Markierungspunkt im Sinne eines passiven Gegenspielers bleibt so lange stehen, bis der Trainer erkennt, daß die gestellten Aufgaben gelöst werden können.

Umspielen Rückhand

Wieder beginnen die Spieler mit dem Umspielungsversuch zunächst aus dem Stand und somit dicht vor dem Markierungspunkt (Stange). Ansatzlos, das heißt ohne Ausholbewegung, wird der Ball mit der Rückhand nach rechts gezogen. Zu bemerken ist, daß es jetzt nicht so sehr darauf ankommt, den Ball quer zur Laufrichtung zu ziehen. Im Schulungsprozeß lautet der erste Hinweis nach dem Rückhandziehen: linke Schulter nach vorn, damit der Ball praktisch vor dem Gegner abgeschirmt werden kann. Dies ist im Hockey erlaubt, im Gegensatz zum Führen des Balls auf der linken Körperseite. – Beim Seitführen des Balls an der rechten Körperseite gibt es keinen Sperrfehler, es sei denn, der Ballführende verliert flüchtig den Ball und sperrt damit den Gegenspieler.

Übungsformen

- Zwischen zwei Spielern, die beide einen Ball haben und sich in einem Abstand von 10 bis 15 Schritten gegenüberstehen, ist eine Markierung. Nach Blickkontakt starten beide Spieler, umspielen gleichzeitig die Markierung und laufen so schnell wie möglich auf die ursprüngliche Position des Partners. Der Trainer gibt an, ob die Markierung links oder rechts umspielt wird.

- Vier bis sechs Spieler stehen vor einer Reihe von Markierungen, die im Abstand von 5 bis 10 Schritten hintereinander angeordnet sind. Die Spieler beginnen von beiden Seiten. Durch mehrfaches Wiederholen soll der Bewegungsablauf beim Umspielen Vor- oder Rückhand automatisiert werden. Der Trainer gibt an, ob Vorhand oder Rückhand umspielt wird.

Angetäuschtes Umspielen

Stock- und Körpertäuschungen im Lauf scheinen zwar schwierig zu sein, sind jedoch im Lernschrittverfahren leicht zu erlernen, wenn die Betroffenen mit der Grundschulung vertraut gemacht wurden. Gelungene Täuschungsmanöver beim Umspielen bringen für die nächste Spielhandlung mehr Raum und damit mehr Zeit.
Erste Voraussetzung bei allen Stocktäuschungen mit dem Ball ist, daß der Ball mitten vor dem Körper liegt. Solange ein Spieler nicht in der Lage ist, den Ball mit Vor- und Rückhand sicher vor dem Körper zu

führen, sollte er auch keine angetäuschten Umspielungsaktionen mit dem Ball am Stock versuchen.

Beim Bewegungsablauf des Antäuschens vor dem Umspielen wird durch eine im richtigen Augenblick angesetzte Stockbewegung eine reflexartige Abwehrreaktion des Gegners ausgelöst, so daß dieser der nun folgenden Bewegung des Angreifers aufgrund seiner bereits erfolgten ersten Körperreaktion nicht mehr folgen kann. Der größte Vorteil liegt also darin, sich sichtbar vom Gegenspieler lösen zu können.

Angetäuschtes Umspielen

In der Bildreihe oben führt der Spieler eine Täuschung Rückhand aus und zieht anschließend den Ball mit der Vorhand nach links. Beim Rückhandantäuschen ist das rechte Bein vorn, damit mit dem Ziehen des Balls nach links die normale Schrittfolge beibehalten werden kann. Außerdem entstehen so keine Balanceschwierigkeiten.

In der Bildreihe unten demonstriert der Spieler das Umspielen, indem er Vorhand antäuscht. Nunmehr steht das linke Bein vorn, und mit dem Zug der Rückhand nach rechts setzt das rechte Bein nach vorn auf.

Übungsformen
- Im Sinn des bewußten Lernens beginnen die Spieler das Antäuschen aus dem Stand, wobei der Ball etwa 2 Schritte mitten vor dem Körper liegt. Mit dem Nachvornsetzen des linken Beins kommt es zur Vorhandtäuschung wie oben beschrieben und dem Ziehen des Balls nach rechts mit gleichzeitigem Vorbringen des rechten Beins. Beim Rückhandtäuschen wird das rechte Bein nach vorn genommen; nach der Rückhandtäuschung zieht der Spieler den Ball mit der Vorhand nach links und beginnt mit dem linken Bein den ersten Laufschritt.
- Mit den Rhythmusschritten links-rechts-links kommt es zum Rückhandtäuschen und mit den Rhythmusschritten rechts-links-rechts zum Vorhandtäuschen. Der Ball liegt nunmehr circa 5 Schritte vor dem Spieler. Ausgangsstellung ist wieder die Frontalstellung.
- Das angetäuschte Umspielen, Vorhand und Rückhand, wird nun an Fahnenstangen geübt. Die Spieler stehen 8 bis 10 Schritte vor den Stangen und beginnen zunächst aus dem Seitführen; später folgt die Ballführung Vorhand – Rückhand vor dem Körper (Indisches Dribbling).

Hinweise
- Das vordere Bein sollte beim Antäuschen stark gebeugt sein, damit auch ein kräftiger Abdruck in die neue Richtung möglich ist.
- Die Schlagfläche wird grundsätzlich vor dem Ball und dicht über den Boden geführt.
- Das Gewicht des Körpers wird vor dem Antäuschen flüchtig auf die angetäuschte Seite verlagert.
- Besondere Bedeutung bei allen Umspielungsversuchen hat das periphere Sehen.

Spieltaktisches Training

Die Leistung, die man vom Spieler einer Mannschaft erwartet, muß durchdacht sein. Wer als Einzel- und Mannschaftsspieler Erfolg haben möchte, muß bei der Lösung der vielfältigen Aufgaben des Wettspiels seine Intelligenz ebenso einsetzen wie den Bewegungsapparat. Das taktische Verhalten, das wir auch planvolles Verhalten oder Vorgehen nennen, ist ein leistungsbestimmender Faktor. Die vor jedem Spiel festgelegte spieltaktische Konzeption muß Zielvorstellungen enthalten, die für alle Spieler begreifbar sind und ihrem technischen Können entsprechen. Die Taktik kann zwar mangelhafte Technik bis zu einem gewissen Grade ergänzen, aber nie ersetzen. Ebenso verhält es sich mit der physischen Leistungsfähigkeit. Ist diese nur schwach ausgebildet, kann die festgelegte Taktik kaum zur Geltung kommen.

Die eigene Taktik, die versucht, die Spielweise des Gegners einzuengen mit dem Ziel, durch eigenes variationsreiches Spiel zum Erfolg zu kommen, steht im Vordergrund aller Überlegungen. Sie wird bestimmt durch einfache Spielhandlungen. Je öfter die Bälle abgespielt werden, desto größer ist die Wahrscheinlichkeit, daß Veränderungen geschaffen werden. Präzision im Abspiel, Freilaufen, überraschende Dribblings und schnelles übergangsloses Einnehmen der Abwehrposition bei Ballverlust sind die Handlungen, die das Spieltempo halten und charakteristisch für das moderne Hockeyspiel sind.

Die sinnvolle Anwendung der technischen Fertigkeiten sowie das planmäßige Ausnutzen einer gegebenen Lage erfordern sehr viel Erfahrung. Für die Praxis bedeutet das, spieltaktische Handlungen möglichst unter wettkampfmäßigen Bedingungen zu üben. Im Wettkampf entscheidet sich, ob das technische Fertigkeitsniveau und die Beanspruchungsformen wie Kraft, Schnelligkeit und Ausdauer ausreichen, um die Taktik durchzuhalten. Jetzt zeigt sich aber auch, ob die Spieler in der Lage sind, eine bestimmte taktische Aufgabe technisch zu lösen und ob sie sich den einmal gefundenen Lösungsweg für den Wiederholungsfall einprägen können.

Man unterscheidet in der Taktik zwischen individueller und kollektiver Taktik. Die individuelle Taktik umfaßt die Anwendung der technischen Fertigkeiten und taktischen Möglichkeiten eines einzelnen Spielers im Dienst seiner Mannschaft. Zur kollektiven Taktik gehören die gemeinschaftlich ausgeführten Angriffs- und Abwehraktionen mit entsprechenden Spielkombinationen. Neben den Kenntnissen über die taktische Spielführung müssen auch bestimmte taktische Grundsätze beachtet werden. Zum Beispiel sollte ein Deckungsspieler immer darauf achten, seinem Tor näher zu sein als sein Gegenspieler. Andererseits sollte ein Angriffsspieler, der keinen Gegenspieler mehr vor sich hat, wissen, daß er sein Lauftempo erheblich vergrößern kann, wenn er den Ball an der rechten Körperseite führt. Wie richtig es jedoch ist, den Ball vor dem Körper zu haben, wenn der Gegenspieler noch zu überwinden ist, beweisen die Einzel- und Kombinationshandlungen.

Nicht jeder Spieler ist ein großer Taktiker; es ist aber auch nicht jeder ein guter Techniker. Im Zweifelsfall ist jedoch der gute Techniker dem Taktiker vorzuziehen. Man kann noch so gut die große Linie des Spiels kennen und auch in den Grundzügen der Taktik verstehen. Das alles vermag nicht die technischen Fertigkeiten zu ersetzen, mit deren Hilfe Ball und Gegner in Bewegung geraten und schließlich Tore erzielt werden. Stoppen, Passen und Dribbeln heißen somit die Vorbedingungen.

Als Idealtyp betrachten wir den Spieler, der die taktischen Voraussetzungen kennt, sie aber erst durch sein technisches Können krönt. In der spieltaktischen Schulung scheint es am günstigsten zu sein, spieltaktische Handlungen zu automatisieren und dann durch Variationen zu erweitern. So bieten sich den Spielern letztlich immer Möglichkeiten zur Improvisation. Bei geistig aufgeschlossenen Spielern, die den Drang nach Selbständigkeit haben, schöpferisch handeln können und Freude an der Improvisation finden, gibt es keine schablonenhaft vorgetragenen Spielhandlungen. Einmal engen diese die gewünschten freien Entfaltungsmöglichkeiten ein, zum anderen lassen sie sich vom Gegner leicht durchschauen. Eine empfindliche Störung des Spielrhythmus ist meistens die Folge.

Bereits im Training mit Jugendlichen kommt es darauf an, in besonderem Maße den spieltaktischen Übungen breiten Raum zu gewähren. Je früher die jungen Spieler mit den vielfältigen Aufgabenstellungen der spieltaktischen Handlungen konfrontiert werden, desto müheloser prägen sich die Verhaltensweisen in den Angriffs- und Abwehrphasen ein und fördern den Entwicklungsprozeß bis zum erfahrenen Spieler (BUDINGER 1971).

Einzelangriff

Die zahlreichen Übungsformen, in denen der Ball mitten vor dem Körper lag und aus der Ruhestellung begonnen wurde, den Ball entweder nach links oder nach rechts zu ziehen oder zu dribbeln, können als gute Vorbereitung für den Einzelangriff angesehen werden. Immer mehr rückt die Forderung in den Mittelpunkt, den Gegner mit technischen Fertigkeiten auszuspielen. Die Schnelligkeit der Bewegungsausführung, das periphere Sehen sowie die Qualität der Ballführung entscheiden beim Einzelangriff über Erfolg oder Mißerfolg. Im Trainingsprozeß ist der Einzelangriff nur dann zu optimieren, wenn der ‹Störfaktor› Gegenspieler einbezogen ist. Es hat wenig Sinn, immer nur an passiven Gegenspielern den Einzelangriff zu üben. Sehr viel effektiver ist die Auseinandersetzung mit dem Gegenspieler, der alle Abwehrtechniken beherrscht. Der geübte Spieler, der jede Bewegung am Boden in einer Entfernung von 5 bis 8 Schritten erkennt, wird beim Einzelangriff große Vorteile haben. Er kann sich viel besser auf die Abwehrbewegungen des Gegners einstellen.

Die spieltaktische Grundregel, den Ball im Einzelangriff vor den Körper zu bringen, muß beachtet werden, wenn der Angreifer die Möglichkeiten der verdeckten Bewegungshandlungen nutzen will. Diese äußern sich in Stock- und Körpertäuschungen sowie Abspielmöglichkeiten nach links und rechts. Da die sichere Ballführung mitten vor dem Körper sehr viel Trainingsfleiß erforderlich macht, sollten Ballübungen zur Schulung des Dribblings in jede Trainingseinheit eingebaut werden. Auf dem Weg zum spielerischen und damit technisch perfekten Hockey bieten sich viele Möglichkeiten, überraschende, verwirrende und durch Täuschungsmanöver unübersichtliche Spielphasen für den Gegner zu schaffen.

Die Fähigkeit, den Gegner mit dem Ball am Stock zu umspielen, hat für das Angriffsspiel große Bedeutung. Da im Augenblick des Ballgewinns alle Spieler einer Mannschaft zu Angreifern werden, müssen auch die Abwehrspieler diesen Teil der Hockeytechnik beherrschen. Das soll jedoch nicht heißen, daß unbedingt jeder Angriff mit einem Einzelangriff begonnen werden muß. Der taktische Grundsatz Sehen, Stoppen, Abspielen ist der leider oft zu beobachtenden Reihenfolge Sehen, Stoppen, Dribbeln vorzuziehen.

Der Trainer ist in einer mißlichen Lage, weil er einerseits alle spieltechnischen Fertigkeiten perfektionieren soll, andererseits die Spieler

im Spiel selbst einfache Spielhandlungen ausführen sollen. Da das Hockeyspiel jedoch ein Mannschaftsspiel ist, steht das Zusammenspiel im Vordergrund. Wer also den Einzelangriff übertreibt, wird nicht nur oft den Ball verlieren, sondern auch wenig mannschaftsdienlich spielen. Wer aber andererseits niemals versucht, den Gegner im Zweikampf Mann gegen Mann auszuschalten, sondern nur abspielt, wird bald durchschaut und dem Gegner die Abwehrhandlung erleichtern. Wer einen oder mehrere Gegner ausspielen oder durch einen Einzelangriff zum Torschuß kommen will, benötigt neben der Stocktechnik Beschleunigungs- und Spurtvermögen.

Übungsformen
Die einfachste Art, einen Gegner im Einzelangriff zu umspielen, ist das Vorbeischieben des Balls mit nachfolgendem Sprint zum Ball (siehe Bildreihe). Der ballführende Spieler läuft auf die Vorhandseite seines Abwehrspielers und löst dabei den Blick vom Ball. Macht der Gegner eine Abwehrbewegung, schiebt er ihm den Ball durch die Füße oder besser an dessen linken Fuß so temperiert vorbei, daß er ihn durch einen kurzen Sprint links am Gegner vorbei so schnell wie möglich wieder unter Kontrolle bringen kann.

- Der vordere Spieler läuft von der Viertellinie in Richtung Schußkreis und versucht, den dort wartenden Abwehrspieler links oder rechts zu umspielen; danach Torschuß. Es ist zweckmäßig, in Sechsergruppen zu üben, wobei jeder Abwehrspieler wird.

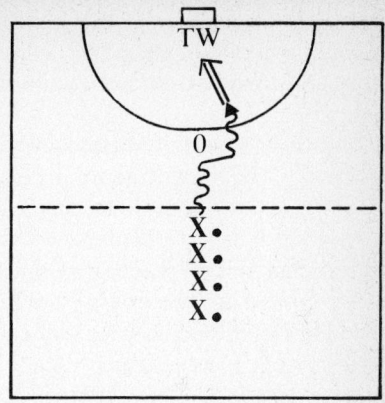

- In einem abgesteckten Quadrat 15 mal 15 oder 20 mal 20 Meter beginnt Spieler 1 von seiner Torlinie Einzelangriffe gegen Spieler 2. Spieler 1 hat eine Punkt erzielt, wenn er den Ball über die Torlinie des Spielers 2 bringt. Gelingt es Spieler 2, Spieler 1 vom Ball zu trennen, kann er seinerseits sofort den Einzelangriff auf die Torlinie von Spieler 1 beginnen usw. Wer in 3 Minuten die meisten Torerfolge erzielen kann, ist Sieger.
- Der Trainer schlägt von der Mittellinie Bälle in Richtung Viertellinie. Der Schlag gilt als optisches Startsignal für zwei Spieler, die ebenfalls vor der Mittellinie stehen. Wer zuerst am Ball ist, ist Angreifer, der andere ist Abwehrspieler. Gelingt es dem Abwehrspieler, in den Besitz des Balls zu kommen, wechseln die Rollen automatisch. Ziel ist, gegen den Torhüter ein Tor zu erzielen. Wer die meisten Tore in 10 Angriffen erzielt hat, ist Sieger. An diesem Training nehmen zwölf bis sechzehn Spieler teil.

Freilaufen

Die vielfältigen Spielhandlungen des Wettspiels, die von jedem Spieler eine möglichst perfekte Ballbehandlung verlangen, werden sich erst dann positiv für eine Mannschaft auswirken, wenn sie durch die Fähigkeit jedes einzelnen ergänzt werden, auch ohne Ball mitzuspielen.

Man sollte einen Spieler bezüglich seiner Qualifikation nur dann beurteilen, wenn man gesehen hat, wie er sich nach seiner Ballabgabe verhält, und anschließend beobachtet, was er tut, wenn der Ball verlorengeht.

Mit dem Paß an den Mitspieler ist die Aufgabe des Einzelspielers im Sinne der Mannschaftshandlungen noch nicht beendet. Es kommt nun darauf an, ohne Ball weiterzuspielen, das heißt, der Spieler muß sich je nach Spiellage freilaufen, um so wieder Anspielpunkt zu werden. Durch seinen Lauf beschäftigt er einen Gegenspieler. Mit dieser Feststellung wird ein besonders ‹schwacher Punkt› des taktischen Spielverhaltens vieler Spieler angesprochen. Während ungeschulte Spieler sich in Angriffshandlungen sogar als Deckungsspieler betätigen, sieht man andere in der Zuschauerrolle.

Beobachten wir die Wettspiele von heute, in denen die Spieler aufgrund ihrer hohen physischen Leistungsfähigkeit versuchen, besonders die Möglichkeiten der Ballannahme und -abgabe ihrer Gegner einzuschränken, wird man ermessen können, wie unerläßlich das ständige Freilaufen zur Sicherung des Ballbesitzes ist. Erst wenn durch systematisches Training alle Spieler in der Lage sind, dem jeweils Ballbesitzenden in jeder Situation drei Abspielmöglichkeiten zu bieten, kann man die Steigerung in der Mannschaftsleistung erwarten. Da der Gegner mit seinen zehn Feldspielern nicht das gesamte Spielfeld decken kann, entstehen immer wieder Gassen, in die der sich freilaufende Mitspieler hineinlaufen und in die dann der Ball gespielt werden kann. Es kommt allerdings darauf an, die freien Räume, die sich ständig verschieben, zu sehen und auszunutzen. Verstehen es die Spieler, mit dem Ball wenig und ohne Ball viel zu laufen, so läuft richtigerweise in jedem Fall der Ball. Das zwingt den Gegner, ihn ohne Erfolg zu jagen. Nichts ist zermürbender, als hinter einem Ball herzulaufen, den sich die Gegner so geschickt zuspielen, daß er nicht erreichbar ist.

Das Spielen ohne Ball bzw. Freilaufen ist gewissermaßen als eine erste und wichtige Vorbereitung für den Augenblick der Ballannahme anzusehen. Wer das nicht gelernt hat, wird kaum die ihm helfenwollenden Laufbewegungen seiner Mitspieler beachten. In der taktischen Schulung kommt es sehr darauf an, die Spieler daran zu gewöhnen, durch Laufbewegungen die Abspielmöglichkeiten des ballbesitzenden Spielers zu erleichtern.

Übungsformen

● Spieler 1 steht vor seinem Gegenspieler und hat Blickverbindung zu Spieler 2. Nach einer Körpertäuschung nach rechts läuft Spieler 1 nach links. Sobald sein Lauf nach links erkennbar wird, spielt Spieler 2 den Ball. Der Deckungsspieler verhält sich zunächst passiv, wird aber schon nach einigen Versuchen aktiver Abwehrspieler. Nach gelungener Ballannahme versucht Spieler 1 den Abwehrspieler auszuspielen und gibt dann den Ball wieder zurück an Spieler 2. Die gleiche Übung wird im Anschluß so geübt, daß Spieler 1 nach einer Körpertäuschung links nach rechts läuft. – In dieser Übung soll deutlich werden, daß grundsätzlich erst dann abgespielt wird, wenn sich der Mitspieler ohne Ball in Bewegung gesetzt hat. Der anschließende Zweikampf mit dem Gegenspieler wird als gute Einzelangriffsübung gewertet. Der Trainer achtet darauf, daß ein oftmaliger Rollentausch vorgenommen wird.

Variationsmöglichkeiten ergeben sich, wenn sich Spieler 2 nach seinem Abspiel ebenfalls freiläuft, um den Ball wieder zurückzubekommen (vgl. Bildreihe auf den folgenden Seiten).

Übungsform

Freilaufen

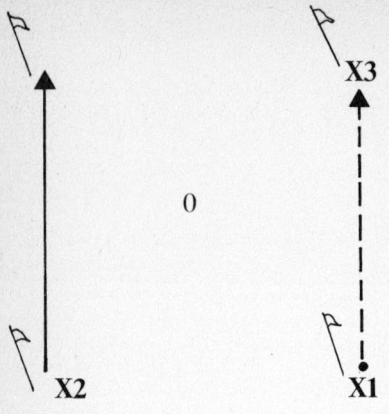

• Beim Training 3 : 1 ergeben sich zwei Abspielmöglichkeiten für den ballbesitzenden Spieler. Hat X1 den Ball, muß er sowohl nach links als auch nach rechts abspielen können. Spielt er nach rechts ab, muß X2 den freien Platz erlaufen, damit auch X3 zwei Abspielmöglichkeiten hat. Der Abwehrspieler versucht, das Abspiel zu verhindern. Wenn jeder seine Aufgabe kennt, verschlechtern sich die Aussichten für den Abwehrspieler erheblich. Es ist daher richtig, entweder nach jeweils 2 bis 3 Minuten zu wechseln oder aber den Wechsel durch ein Reglement festzulegen. Es heißt dann, in die Mitte muß der Spieler, der

1. einen schlechten Paß spielt, dessen abgespielter Ball also nicht in Richtung Markierung bzw. Mitspieler läuft;
2. den Ball mit dem Fuß oder Körper berührt;
3. den Ball mehr als zweimal berührt;
4. den Ball nicht stoppt.

• Mit der Beteiligung von vier Angreifern gegen zwei Abwehrspieler wird dem ballbesitzenden Spieler nun auch die dritte Abspielmöglichkeit angeboten.

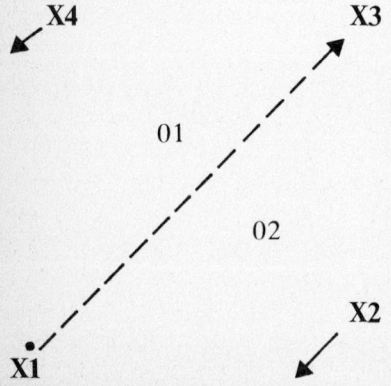

Die Übung 4 : 2 wird zunächst in einem festgelegten Raum durchgeführt. Sie fordert von allen Spielern, sich wie in einem Wettspiel zu verhalten. Bevor X1 den Ball X3 zuspielt, müssen X2 und X4 sich von den Abwehrspielern in der Mitte entfernen, um ihren Deckungsraum zu vergrößern. Gelingt es ihnen, 01 und 02 auseinanderzuziehen, kann X1 neben einem Paß nach links oder rechts auch den Ball zu X3 spielen.

Der Ablauf dieser Übung ist nur dann richtig, wenn sich alle Spieler bewegen und die Entfernungen der vier Angreifer zueinander in etwa 15 bis 20 Meter bleiben. Da es für die beiden Abwehrspieler sehr schwer ist, bei geschulten Angreifern den Ball abzufangen, gilt hier die Regelung wie beim Training 3 : 1.

Hinweise
- Der ballbesitzende Spieler sollte erst abspielen, wenn er sieht, daß sich seine Mitspieler freilaufen.
- Das Freilaufen muß in alle Richtungen geübt werden. Voraussetzung ist eine sichere Ballannahme in der Bewegung.
- Im Training muß immer wieder das Beschleunigungs- und Spurtvermögen trainiert werden.

Kombinationen

Das Beherrschen der technischen Fertigkeiten, gefestigt durch ständiges Training der einfachen und schwierigen Bewegungsabläufe, findet in Angriff und Abwehr seinen Ausdruck. Die Ausbildung des Einzelspielers muß schon frühzeitig dahingehend beeinflußt werden, Anwendung und Ausführung der Einzel- und kombinierten Handlungen zweckmäßig und damit ökonomisch zu gestalten. Die Spieler müssen trotz der erlaubten individuellen Entfaltungsmöglichkeiten, die der festgelegten Mannschaftstaktik völlig neue Impulse verleihen können, immer wieder die besprochene Konzeption berücksichtigen. Die Erfahrung hat gelehrt, wie erfolgreich Gemeinschaftshandlungen sein können, wenn sie von den physisch-geistigen Leistungen des einzelnen getragen werden.
Im Gegensatz zur Technik fällt es manchen Trainern schwer, die Taktik zu trainieren. Oft scheitert das schon daran, daß die gestellten Aufgaben sowohl den Angreifern als auch den Abwehrspielern bekannt sind. Durch die kombinierten Bewegungsabläufe, in denen die Handlungen auf die beste Lösung einer Spielphase abzielen, weist doch das Können des einzelnen Spielers meistens den Weg, der trotz vieler Hindernisse zur Mannschaftsleistung führt. Zusammenspiel in Abwehr und Angriff, richtiges Verhalten in den verschiedenen Spielsituationen und das Beachten der taktischen Regel (Ballgewinn: Angreifen, Ballverlust: Abwehren) führen zum Erfolg. Für die taktische

Ausbildung haben neben Platzwechselübungen Kombinationsformen große Bedeutung. Durch sie wird erreicht, daß taktische Grundlagen wie Freilaufen und vor allem schnelles und genaues Passen im Hinblick auf die Förderung des Tempospiels Inhalt der taktischen Spielvorstellung wird.

Dem Spieler ist es entsprechend der Spielsituation überlassen, nach Erhalt des Balls zu passen oder zu dribbeln. Immer wird seine Entscheidung vom Können seiner unmittelbaren Gegenspieler und von der Hilfe seiner Mitspieler abhängen. Die Unterstützung durch diese besteht darin, sich als Partner anzubieten und Abspielmöglichkeiten anzuzeigen. Mit diesem Anbieten, das im Sinne des Freilaufens schon behandelt wurde, ist die Aktion jedoch nicht abgeschlossen. Vielmehr muß der sich anbietende Partner dann auch zum Kombinationsspiel bereit sein, also entsprechend der Spiellage das Zusammenspiel fortsetzen.

Das Kombinationsspiel beginnt bereits in der Deckung, nachdem ein Abwehrspieler den gegnerischen Angreifer vom Ball trennen konnte. Gelingt es ihm, den Ball nach der Abwehr so schnell wie nur möglich an seinen Neben- oder Vordermann zu passen, ist das Kombinationsspiel in Gang gesetzt.

Neben der physischen Leistungsfähigkeit und Technik ist das taktische Verhalten ein leistungsbestimmender Faktor, der über Qualität und Niveau eines Spiels entscheidet. Während die individuelle Taktik die Anwendung der technischen Fertigkeiten umfaßt, gehören in den Bereich der kollektiven Taktik die gemeinschaftlich ausgeführten Angriffs- und Verteidigungsaktionen, somit also auch die Kombinationen zwischen zwei und mehr Spielern.

Bei allen Kombinationen gelten folgende Grundsätze:
1. Orientiere dich vor Annahme des Balls, wohin du abspielen kannst oder wer von den Mitspielern durch Freilaufen angespielt werden kann.
2. Nimm den Ball so an, daß du ihn sofort weiterspielen kannst.
3. Richte dein Abspiel so ein, daß der Abwehrspieler keine Chance hat, an den Ball zu kommen.
4. Spiele deinem Mitspieler in den Schläger.
5. Täusche dein Abspiel so oft wie möglich an.
6. Laufe dich sofort nach deinem Abspiel der neuen Situation entsprechend frei.

Übungsformen

Vier Übungsgruppen üben über das ganze Hockeyfeld Quer-, Schräg- und Steilpässe ohne und mit Platzwechsel. In der ersten Gruppe wird der Querpaß so geübt, daß erkennbar wird, ob der Ball quer zu Laufrichtung rollt. Die Spieler dürfen nicht auf gleicher Höhe laufen, sondern immer so, daß der, der den Ball annimmt, etwas zurückbleibt, um in den Querpaß hineinlaufen zu können.

Beim Schrägpaß laufen beide Spieler auf gleicher Höhe, der Ball wird schräg gespielt. Nach der Ballannahme etwa 2 bis 3 Schritte dribbeln und wieder zurückspielen usw.

Beim Steilpaß, wie er in der dritten Gruppe geübt wird, kommt es darauf an, den Ball temperiert geradeaus zu spielen, damit eine Ballübernahme möglich ist. Sofort nach dem Steilpaß erläuft Spieler 2 den Ball, und Spieler 1 läuft hinter seinem Rücken auf dessen Position. Nachdem Spieler 2 den Ball übernommen hat, 2 bis 3 Schritte mit dem Ball dribbeln, Steilpaß und wieder wechseln.

In der vierten Gruppe wird schließlich der Steilpaß auf der rechten Seite geübt mit gleichem Ablauf wie in Gruppe drei. Die Übungspaare achten darauf, daß die 6 bis 8 Schritte Abstände beibehalten werden. Das genaue und temperierte Passen sowie die sichere Ballannahme in der Bewegung entscheidet über die Qualität dieser Zweierkombination.

- Querpaß-Schrägpaß (Doppelpaß). Der Doppelpaß als Quer-Schrägpaß oder mit zwei Schrägpässen gespielt ist die wirkungsvollste Zweierkombination gegen eine manndeckende Abwehr.

X1 und X2 stehen etwa 6 bis 8 Schritte vor der Fahnenstange, die als passiver Gegenspieler betrachtet wird. X1 führt den Ball zuerst in Vorhand-Seitführung, später im Vorhand-Rückhand-Dribbling auf die Markierung zu. Kurz davor spielt er einen leichten Querpaß nach rechts, läuft mit der rechten Schulter an der Stange vorbei und erhält den Ball von X2 in den Lauf gespielt. X2 sollte den Ball ganz kurz anhalten und ihn dann sofort weiterspielen.

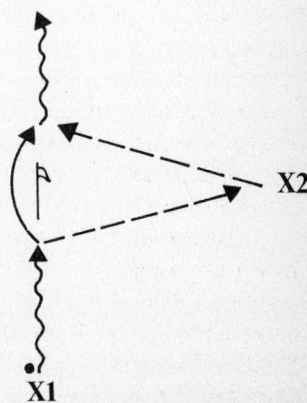

Bei ebenen Böden ist es sogar möglich, daß X2 den Ball direkt spielt. Die Laufwege werden markiert, so daß es möglich ist, 10- bis 15mal den Ball mit der Rückhand nach rechts zu spielen bzw. den Ball mit der Vorhand nach links zu spielen. Auch die Ballannahme wird hier geübt: Einmal wird der Ball mit der Vorhand, dann wieder mit der Rückhand aufgenommen. Die Paßgenauigkeit ist entscheidend. Gelingt den Spielern die Abgabe und Annahme des Balls, wird ein zunächst passiver und dann aktiver Gegenspieler am Markierungspunkt aufgestellt.

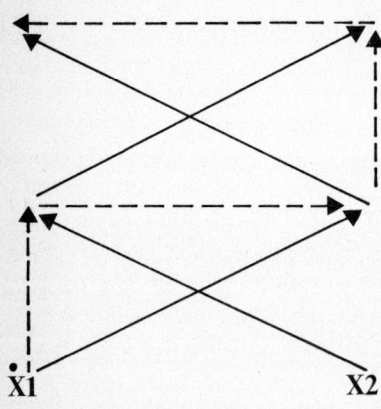

● Steil- und Querpaßkombinationen. In der ersten Gruppe stehen die Spieler X1 und X2 jeweils 6 bis 8 Schritte voneinander entfernt nebeneinander. X1 beginnt mit dem Dribbling; nach 3 bis 4 Schritten spielt er einen temperierten Steilpaß, den X2 erläuft. X1 läuft hinter dem Rücken von X2 auf dessen Position und erhält einen Querpaß von X2 usw. Nachdem ein kleines Tor mit dem Ball durchlaufen ist, erfolgt der Rollentausch auf dem Rückweg.

In der zweiten Gruppe beginnt jeweils der Spieler 1 auf der linken Seite ein Dribbling auf die Position (Streifen) von Spieler 2. Dieser läuft hinter dem Rücken von Spieler 1 auf dessen Position und erhält einen Querpaß. Nun dribbelt Spieler 2 nach rechts usw. Nach dem Durchlaufen des ‹Törchens› erfolgt der Rücklauf.

In der dritten Gruppe beginnt Spieler 1 von links ein Dribbling und wechselt vor der Markierung mit dem Ball die Position. Spieler 2 erkennt die Absicht und wechselt hinter dessen Rücken die Position. Eng hinter der Markierung spielt Spieler 1 einen Querpaß zu Spieler 2. Jetzt führt dieser den Positionswechsel mit dem Ball aus usw.

In der vierten Gruppe beginnt Spieler 2 von rechts mit dem Dribbling usw.

Zweifellos gibt es eine Vielzahl von Zweierkombinationen, die entsprechend den Paßmöglichkeiten quer, schräg, steil für die Spieltaktik Bedeutung haben. Da sie hinreichend bekannt sind, ist eine Auflistung aller Variationsmöglichkeiten überflüssig. Für den Trainer bedeuten

Zweierkombinationen im spieltaktischen Sinne zugleich eine Stabilisierung der Technik der Ballannahme im Lauf. – Es folgen einige mögliche Übungen, bei denen Paßgenauigkeit und sichere Ballannahme im Lauf trainiert werden.

● Steilpässe mit anschließendem Positionswechsel. Vier Spieler bilden ein Quadrat; Abstand 8 bis 10 Schritte. X1 und X2 stehen sich diagonal gegenüber und haben jeweils einen Ball. Auf ein Zeichen des Trainers passen X1 und X2 zunächst an X3 und X4, danach wechseln sie miteinander die Plätze. Nun passen X3 und X4 und wechseln ebenfalls miteinander die Plätze usw. Haben die Spieler nach mehrmaligem Üben den Ablauf verstanden, trainieren sie in ihren Gruppen nach einer vorher festgelegten Zeit selbständig 3 bis 4 Minuten mit kurzen Pausen. Der schnelle Paß mit dem Sprintlauf zum Partner fordert optimale Bewegungsausführung und stellt hohe Anforderungen an die Schnelligkeitsausdauer.

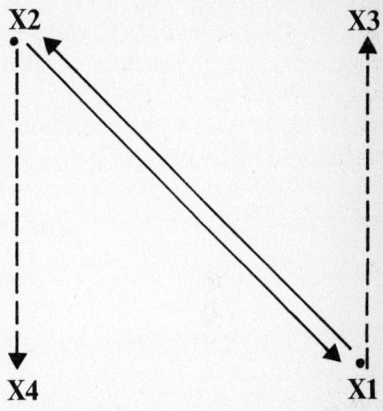

● Die Ballannahme Vor- und Rückhand aus dem Sprintlauf. Die Spieler X2, X3 und X4, X5 stehen hintereinander in einem seitlichen Abstand von 6 bis 8 Schritten. X1 steht vor ihnen etwa 10 Meter entfernt und spielt einen Paß quer zur Laufrichtung von X2, wenn dieser seinen Sprintlauf beginnt. Während X2 versucht, den Ball mit der Rückhand anzuhalten und ihn sofort quer wieder zurückspielt, sprintet X1 in Richtung X3 und schließt sich hinter ihm an. Hat X2 den Ball unter Kontrolle, läuft X4 los; X2 schließt sich hinter X5 an usw.

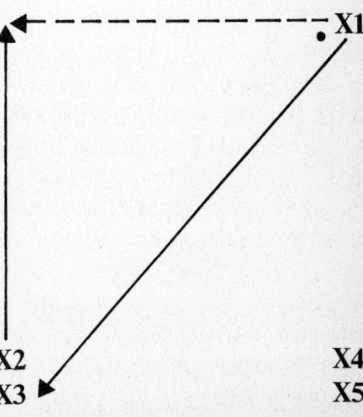

Hinweise
● Zweierkombinationen sollten solchen, an denen mehrere Spieler beteiligt sind, vorgezogen werden. Sie sind überschaubarer und im Wettspiel effektiver.
● Nur durch ständiges Trainieren können Zweierkombinationen erfolgreich sein, da der Schwierigkeitsgrad mit der Erhöhung des Lauftempos wächst.
● Es sollte keine Trainingseinheit vergehen, ohne daß die Spieler auch bewußt Zweierkombinationen in Spielen 2:1, 3:2, 4:2, 4:4 auf ein Tor trainieren. Der Torwart sollte bei solchen Trainingsformen immer dabei sein.

Überzahlangriff

Die Bemühungen, in der Abwehr und im Angriff möglichst mehr Spieler als der Gegner um den Ball versammelt zu haben, lassen durch die zahlenmäßige Übermacht vor allem in den Angriffsaktionen ein Überlegenheitsgefühl entstehen, das manchmal trügt. Nur zu oft werden zum Beispiel Angriffe mit Überzahl von geschickt abwehrenden Deckungsspielern gebremst und damit sichere Torchancen vereitelt. Es kommt vor, daß der Gegner beim überraschenden schnellen Gegenangriff schon deshalb in Verlegenheit gerät, weil er sich plötzlich einer Überzahl gegenübersieht, oder daß die Angreifer während ihrer Aktionen überraschende Unterstützung aus dem Mittelfeld erhalten. Hier ist es der Initiative der Mittelfeld- und Abwehrspieler zuzuschreiben, ob fünf oder vier Angreifer gegen vier oder drei Abwehrspieler spielen. Beherrscht eine Mannschaft das Kontern, das heißt die Deckung verstärken und beim Abfangen des Balls diesen schnell an die vorn wartenden Spieler zu bringen, kommt es sogar oft zu Gelegenheiten, wo die Überzahlangriffe 3:2 oder 2:1 mit Torschüssen enden.
Für unser Spiel ist es nicht nur wichtig, die Voraussetzungen der Angriffstaktik zu schaffen, sondern auch die damit verbundenen Vorteile auszunutzen. Das Beispiel, daß zwei Angreifer an einem Deckungsspieler scheitern und erst gar nicht zum Torschuß kommen, sieht man allzu oft. Ob die beiden nun durch einen schnellen Gegenangriff an die für sie so günstige Angriffsposition kamen oder aber nach einer Kombination, in der der Ball über verschiedene Stationen lief, spielt

dabei keine Rolle. Da uns das Wettspiel immer wieder vor Augen führt, wo die Schwächen der Spieler liegen, würden die so anschaulich gemachten Fehlleistungen Anlaß sein, Schwächen dieser Art durch zweckmäßiges Training zu beseitigen. Es ist bemerkenswert, wie erfolgreich praxisbezogene Belehrungen in dieser Hinsicht wirken.
Das Verständnis für die Überzahlangriffe leiten wir mit dem Angriff 3:1 ein. Es ist bei allen Überzahlangriffen sinnvoll, den Torwart einzubeziehen und die Aufgaben so zu stellen, daß sowohl Angreifer wie Abwehrspieler spieltaktische Aufgaben erhalten, die man auch im Wettspiel von ihnen erwartet.

Übungsformen
Beim Überzahlangriff 3:1 wird der Ball vom Mittelspieler auf den Abwehrspieler gedribbelt. X1 gibt den Ball, sobald er angegriffen wird, nach links oder rechts; danach kann es zu einem Torschuß kommen oder aber zu einem nochmaligen Abspiel. Wichtig ist, daß in jedem Fall ein Torschuß erfolgt und die Angreifer ihre Vorteile 3:1 nutzen. Für den Abwehrspieler ist der Torhüter Mitspieler; gleichzeitig wird hinter der Viertellinie ein weiterer Mitspieler in Position gebracht.

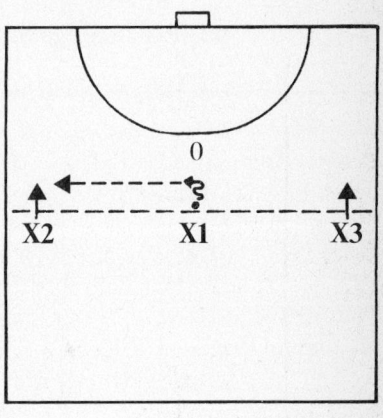

Genaugenommen lautet so das Verhältnis 3:3, jedoch mit zunächst allen Vorteilen für die Angreifer. Gelingt es dem Torhüter, den Ball zu halten, dann versucht er, mit seinem Verteidiger zu spielen oder den Ball direkt an den dritten Spieler zu bringen. Kann der Verteidiger den Ball abfangen, dann versucht er, ihn auf dem schnellsten Weg über die Viertellinie zu bringen. Auf diese Weise entsteht ein Wettspiel, das nach festgelegten Regeln gespielt wird und in dem es um Punkte geht. Torerfolg – 1 Punkt, erfolgreiche Abwehr, das heißt schneller Paß an Spieler 3 der Abwehr – 2 Punkte.
Im folgenden Spiel 2:1 beginnen die beiden Angreifer ihren Angriff von der Viertellinie. Der Abwehrspieler erwartet sie vor dem Schußkreis und versucht, sein Tor zu verteidigen. Unterstützt wird er durch

den Torhüter. Gelingt es dem Verteidiger, den Ball abzufangen, hat er erneut die Gelegenheit, den Ball schnell über die Viertellinie zu bringen, wo Spieler 3 in Erwartung des Balls seine Position eingenommen hat. Auch hier entscheidet wiederum das gute Kombinieren, das sichere Ballannehmen und auch das periphere Sehen bei den Angreifern. Der Abwehrspieler kann sein gutes Stellungsspiel in der Raumdeckung beweisen. Den beiden Angreifern bieten sich bei jedem Angriff zwei Möglichkeiten. Der ballbesitzende Spieler kann entweder abspielen oder den Einzelangriff trainieren. Alle Angriffe werden nach festgelegten Regeln durchgeführt und sind erst abgeschlossen, wenn der Ball über die Torlinie läuft oder vom Torwart abgewehrt wird. Torwart und Abwehrspieler werden durch diese Überzahlangriffe zu großer Aktivität herausgefordert.

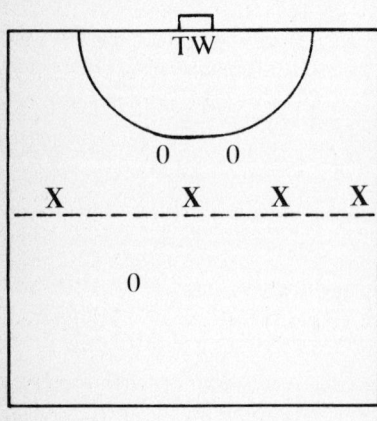

- Der Angriff 4:2 bietet weitere spieltaktische Schulungsmöglichkeiten, um den Überzahlangriff zu trainieren. Beherrschen die Spieler das genaue Abspiel, nehmen den Ball im Stand und in der Bewegung sicher an und laufen sich gut frei, dann werden sie die Überzahlangriffe meist mit einem Torschuß abschließen können. Für die Abwehrspieler ergeben sich gute Möglichkeiten, den schnellen Gegenangriff zu trainieren: Sofern es einem der beiden Verteidiger gelingt, einen Ball abzufangen, spielt er ihn sofort an den jenseits der Viertellinie postierten Mitspieler.

- Im Überzahlspiel 3:2 wird es für die Angreifer allmählich schwerer, Tore zu erzielen. Die Abwehrspieler haben nun eine größere Chance, da sie oft ihre Reichweite einsetzen können und bei kleinsten Fehlern der Angreifer in den Besitz des Balls kommen. Läßt der Trainer diesen Überzahlangriff im Wettkampf durchführen und fordert die beiden Abwehrspieler zum schnellen Gegenangriff auf, so reduzieren sich die Erfolgschancen der Angreifer erheblich.

Im Training kann man oft beobachten, daß die Angreifer gegen die beiden Abwehrspieler verlieren, da die Abwehrspieler die Minderzahl

durch geschicktes Stellungsspiel wieder wettmachen können.
Die Schulung der Überzahlangriffe ist besonders reizvoll für die Spieler, wenn der Trainer Regeln festlegt, bei denen es im Sinne des Wettkampfs folgendes zu beachten gibt.
1. Alle Fehler der Abwehrspieler im Schußkreis werden mit einem 7-Meter geahndet.
2. Bei allen Fehlern der Angreifer erhalten die Abwehrspieler einen Freischlag, der ihnen die Möglichkeit bietet, den Torwart und den wartenden Mittelfeldspieler einzubeziehen.
Als Höhepunkt des Überzahlangriffspiels ist das Spiel 6:4 zu betrachten. Der Trainer achtet darauf, daß Freischläge und zweckmäßiges Einschieben geübt werden. Nach einer angemessenen Trainingszeit werden die Rollen der Spieler getauscht. Durch diese Maßnahme erinnert der Trainer immer daran, daß jeder Abwehrspieler Angreifer und jeder Angreifer Abwehraufgaben zu erfüllen hat. Je öfter man die Spieler daran erinnert, desto größer ist die Wahrscheinlichkeit, daß diese Doppelrolle für die Spieler zur Selbstverständlichkeit wird.

Hinweise
- Bei den Überzahlangriffen ist es wichtig, den Torhüter einzubeziehen.
- Überzahlangriffe sollten immer Wettkampfcharakter haben.
- Durch die festgelegte 7-Meter-Regel lernen die Abwehrspieler, sich so zu verhalten, daß sie keine leichten Fehler im Schußkreis begehen.
- Überzahlangriffe zeigen das Leistungsniveau der Spieler bezüglich ihres Verhaltens zum Gegner sowie die Qualität ihrer Ballannahme und Abgabe.

Positionsangriff

Erstes Ziel der Abwehrspieler nach einem gestoppten Angriff der gegnerischen Stürmer muß es sein, zum schnellen Gegenangriff überzugehen. Jeder Trainer ist bemüht, diesen schnellen Gegenangriff zu optimieren, damit es – wie im vorhergehenden Kapitel beschrieben – zu einem Überzahlangriff kommt. Gelingt es nach dem Ballgewinn nicht, einen schnellen Gegenangriff anzusetzen, da sich der Gegner durch geschickte Sicherungsaktionen bereits formiert hat, sprechen wir bei

den nun beginnenden Angriffshandlungen vom Positionsangriff oder sich entfaltenden Angriff: Hier erwartet der Gegner die Angreifer mit mindestens gleich starker Spielerzahl. Da die gegnerischen Abwehrspieler ihre Aktionen aus abwartender Stellung ansetzen können, sind sie bereits im Vorteil. Es kommt für die Angreifer darauf an, den Positionsangriff in seinem System je nach der Stärke der Abwehr des Gegners aufzubauen. Die Bewegungen der Spieler müssen mit Umsicht erfolgen, wobei dennoch ein schnelller Ablauf erforderlich ist. Insbesondere das Zuspiel darf keine Ungenauigkeiten aufweisen. Treten nämlich hier unnötige Fehler auf, kommt der Positionsangriff nie aus dem Ansatz heraus. Wir unterscheiden beim Positionsangriff zwei Phasen:
1. die Vorbereitung,
2. den Angriff.

In der Vorbereitungsphase versuchen die Angreifer, in günstige Positionen zu kommen, damit sie im Fluß der Kombination anspielbar bleiben. Auch hier kommt dem Spiel ohne Ball eine wichtige Rolle zu. Es wäre falsch, den sich entfaltenden Angriff mit dem positionsgebundenen Spiel zu verwechseln, in dem wir – wenn auch nur aus taktischen Gründen vorübergehend – grundsätzlich auf den zugewiesenen Plätzen spielen. Vielmehr versuchen die Spieler durch Platzwechsel mit und ohne Ball, gegen die Deckungsarten des Gegners zum Erfolg zu kommen. Es kommt darauf an, die Deckung durch alle erlernten Kombinationen aufzureißen.

Der Angriff und damit die zweite bzw. Abschlußphase ist oft gekennzeichnet durch eine eingeübte Kombination. Der Abschluß des Positionsangriffs darf aber nie zur schematischen Handlung werden. Diese wäre zu leicht vom Gegner zu übersehen und abzuwehren. Es kommt hier eher auf das individuelle Spiel des einzelnen an, der in den jeweiligen Spielsituationen die richtigen Entscheidungen treffen muß. Zweifellos ist es günstig, wenn der Trainer mit seinen Spielern den Beginn von Angriffshandlungen in Form von Kombinationsmöglichkeiten geübt hat. Aber gleichzeitig müssen die Spieler auch lernen, sich vom Schema zu lösen. Variationsreiche Einzel- oder Partnerhandlungen sind das spieltaktische Ziel.

Je aktiver die Angreifer sich in solchen Aktionen untereinander unterstützen, desto eher ist die Abwehr auszuspielen. Die Erfahrung hat gelehrt, daß Einzel- oder Partnerhandlungen in der Abschlußphase des Angriffs immer erfolgreicher sind als Kombinationsfolgen über drei und mehr Angreifer. Einmal dauern diese länger, zum anderen entstehen leichter Paßfehler. Man muß sich dabei auch vor Augen halten, daß die spieltaktische Ausbildung sehr viel öfter das Einzel- und Partnerspiel berücksichtigt als die Kombinationsform mit drei und mehr Spielern.

Während sich der Zeitfaktor beim schnellen Gegenangriff gegen die Abwehr auswirkt, kommt er ihr beim Positionsangriff zu Hilfe. Die Angreifer müssen nämlich gegen vorbereitete Abwehrspieler zunächst einmal den Ballbesitz sichern, bevor sie überhaupt in den Schußkreis eindringen können. Aus diesem Grund führt vornehmlich das verdeckte und somit fintenreiche Spiel des einzelnen zu den erstrebten Kombinationen. Einmal mehr wird hier die Technik zur Grundvoraussetzung aller weiteren Überlegungen. Die Spieler müssen lernen, alle Möglichkeiten des Positions- bzw. sich entfaltenden Angriffs auszunutzen und sich davon freimachen, daß sie nur auf den ihnen zugewiesenen Positionen zu bleiben haben. Entscheidend ist nur, daß beim Positionswechseln die Verständigung untereinander funktioniert. Wenn etwa der Rechtsaußen nach innen läuft, muß der Halbrechte nach außen.

Im Positionsangriff kommt es im wesentlichen darauf an, daß die Spieler daran gewöhnt werden, Handlungen im Sinne von Bewegungsgewohnheiten zu erlernen und durchzuhalten. Hat zum Beispiel der rechte Mittelfeldspieler den Ball, müssen Rechtsaußen, Halbrechter und Halblinker wissen, daß der Mittelfeldspieler versucht, den Ball zunächst an den Rechtsaußen zu bringen (siehe Abbildung). Gelingt das nicht, versucht er einen Paß an den Halbrechten. Ist auch dieser so stark gedeckt, daß er nicht anspielbar ist, wird der Ball nach links zum Halblinken gespielt. Sofern diese Abspielmöglichkeiten nicht gelingen, entscheidet sich der Mittelfeldspieler für einen Querpaß zum linken Mittelfeldspieler, oder er dribbelt den Ball geradeaus, so daß in dieser Angriffsphase ein Fünfmannsturm entsteht, wo der Halbrechte

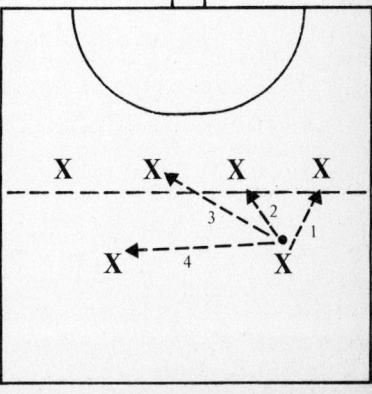

sich so nach links absetzt, daß er in die Mittelstürmerposition gerät. Mit dem Paß ober Dribbling des rechten Mittelfeldspielers ist die Vorbereitung des Positionsangriffs abgeschlossen. Jetzt beginnt der Angriff, in dem alle individuellen Möglichkeiten ausgespielt werden.

Mannschaftssysteme

Es hat sich gezeigt, daß der Kampfcharakter des Hockeyspiels es als sinnvoll erscheinen läßt, wenn wir unsere Kräfte rationell einsetzen und dabei verstehen, die Belastungen des Wettspiels auf möglichst alle Spieler zu verteilen. Kennen wir unsere Grundaufstellung, die sich nach den vorhandenen Spielertypen bildet, sprechen wir vom Mannschaftssystem. Dieses ist nur dann wirkungsvoll, wenn der Gegner es nicht durchschauen kann. Das bis in die sechziger Jahre praktizierte 5-3-2-System mit der Verstärkung des Mittelfelds und dem daraus entstehenden 3-2-3-2-System wird auch heute noch national wie international gespielt. Die erforderlichen Spielertypen heißen: Stürmer, Läufer und Verteidiger.
Bei eingehender Betrachtung der Wettspiele liegt die Hauptleistung bei den Mittelstürmern und bei den Mittelläufern.
Mit dem Übergang zum 3-2-3-2-System, vergleichbar mit der WM-Formation (siehe Abbildung), deuteten sich Ansätze zur Manndeckung an. Zunächst beschränkte man sich auf die gefährlichen gegnerischen Stürmer, zog aber dann nach und nach alle übrigen Angriffsspieler mit in die Abwehr ein. Die Staffelung der Stürmer zur W-Formation führte zur stärksten Belastung der Halbstürmer; ihr Arbeitspensum beeinflußte das Spiel im Mittelfeld. Ihre Störmanöver, die sofort einsetzten, wenn der Gegner den Ball gewann, sollten in erster Linie das Angriffsspiel der gegnerischen Innenstürmer beeinträchtigen. Gelang ihnen das, entlasteten sie die ohnehin wenig strapazierten Verteidiger.

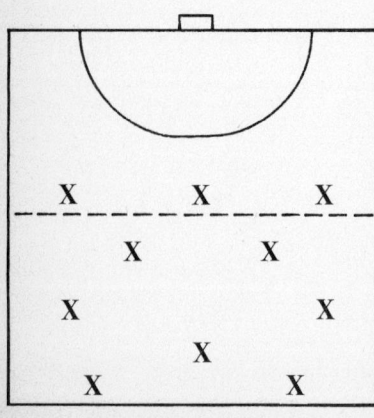

Eine bessere Verteilung der Belastungen auf die Spieler wurde sichtbar, als Anfang der sechziger Jahre in der Nationalmannschaft die Halbkreisformation in der Abwehr eingeführt wurde (siehe Abbildung).

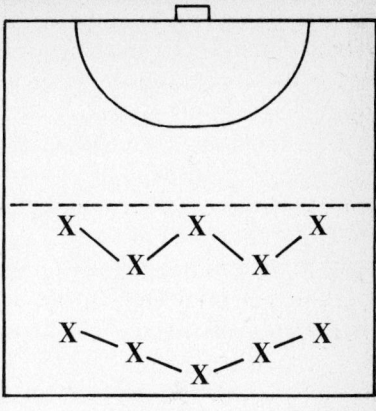

Immerhin gab es jetzt neben den beiden Innenstürmern im Angriff auch zwei in der Abwehr, nämlich die beiden Verteidiger, die das Spieltempo bestimmten. An ihnen lag es auch, die übrigen Spieler in das Spiel zu bringen. Wenn sich dies besser durch das Kurzpaßspiel ermöglichen ließ, so vollzog sich damit der augenscheinlichste Wandel unserer typischen Spielweise, die viele Jahre geprägt war durch lange Pässe im weiträumigen Spiel.

Aber nicht nur die Spielweise, sondern auch die Spielertypen durchliefen einen Wandlungsprozeß.

Am anschaulichsten zeigte es sich bei Verteidigern. Sie waren nach der jahrzehntelangen Spielweise in der Defensive auf einmal zu Angriffsmotoren umfunktioniert worden.

Es zeigte sich sogar, daß sie sich nach erfolgreicher und vor allem frühzeitiger Abwehr, die sie nun oft bereits an der Mittellinie in den Besitz des Balls kommen ließ, als Stürmer versuchen konnten.

So hat der Wechsel vom 5-3-2-System zum 4-2-3-1-System (siehe Abbildung) den alten Verteidigertyp verdrängt. Die Zukunft heißt: Angriffsspieler, die abwehren können, und Abwehrspieler, die angreifen können.

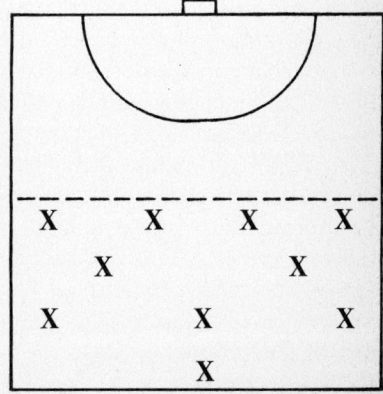

Bei der Auffassung über die Spieltaktik hat es stets Überlegungen gegeben, durch Änderungen innerhalb der Angriffs- und Abwehrformation in der mit elf Spielern festgelegten Mannschaft Verstärkungen im Angriff oder in der Abwehr zu erreichen. Wenn wir den Ruf nach einem bestimmten System hören, weil man glaubt, nur damit den Erfolg garantieren zu können, dann wird meist übersehen, daß Spielsysteme von Spielern ausgeführt werden, die die entsprechenden Voraussetzungen mitbringen müssen. Es kommt nicht so sehr darauf an, ob wir im WM-System mit gestaffelter Verteidigung spielen oder eine 5-3-1-1-Formation vorziehen. Entscheidend wird immer noch sein, was die Spieler an spielerischen Fähigkeiten aufweisen.

Betrachten wir die Maßnahmen, die sich aus der W-Formation der Stürmer mit der Halbkreisformation der Abwehrspieler ergaben, so können wir von einer Angleichung an ein System sprechen, das wir heute in folgendes Zahlenspiel kleiden: 3-2-4-1. Drei Stürmer bilden die erste Angriffswelle. Sie werden unterstützt durch die zweite Angriffswelle, das heißt durch zwei Stürmer, die wir gleichzeitig als Mittelfeldspieler ansehen. Engen Kontakt haben die beiden Mittelfeldspieler mit den Außenläufern und den Verteidigern, die je nach der Situation des Spiels die gegnerischen Stürmer in eine enge oder lose Manndeckung nehmen. Der Mittelläufer kümmert sich um seinen Mittelstürmer, hilft aber auch nach beiden Seiten aus und wird so der letzte Mann in der Deckung.

Die enorme Aktivität, die sich aus der Halbkreisformation unserer Abwehrspieler entwickelte, gab dem Mittelfeldspiel neue Impulse. Wenn unsere Nationalmannschaft dieses Mannschaftssystem über Jahre bevorzugte, so tat sie das deshalb, weil es in erster Linie darum ging, die hohen physischen Belastungen der beiden Halbstürmer etwas abzubauen. Mit den vorgezogenen Verteidigern wurde erreicht, die Halbstürmer physisch zu entlasten und durch den frühen Kontakt mit den Gegenspielern auch die Abstände zu den Stürmern zu verringern. Damit entwickelte sich allmählich das Kurzpaßspiel, welches eine Verbesserung des Kombinationsspiels zur Folge hatte.

Zweifellos führte diese Spieltaktik im internationalen Hockey zunächst zu einer defensiven Einstellung. Besonders zeigte sich dies in den Spielen gegen Indien und Pakistan. Als jedoch die Angleichung an die indisch-pakistanische Spielweise erfolgt war, entwickelte sich aus der Defensivtaktik das Offensivspiel mit seinen vielfältigen Angriffsmöglichkeiten. Die Ursache dieser Entwicklung ist durch die

Geläufige Formationen

Verbesserung des technischen Fertigkeitsniveaus zu erklären. Gleichzeitig muß man jedoch erwähnen, daß sich im Sinne der angewandten Trainingslehre auch die motorischen Beanspruchungsformen Koordination, Flexibilität, Kraft, Schnelligkeit und Ausdauer erheblich verbessern ließen. Der bei den meisten Mannschaften vollzogene Übergang von der Raum- zur bedingungslosen Manndeckung stellte vor allem die Angriffsspieler vor schwierige Aufgaben. Wie sehr sich die physische Leistungsverbesserung auch spieltaktisch auswirkte, ging daraus hervor, daß die Mannschaften es nunmehr verstanden, im Augenblick des Ballverlustes übergangslos Verteidigungspositionen einzunehmen.

Die 4-2-3-1-Formation, angelehnt an die 4-2-4-Fußballtaktik, hat besonders dem Angriffsspiel neue Möglichkeiten eröffnet. Man kann sagen, daß dieses Mannschaftssystem große Variationsmöglichkeiten bietet. Aus der Grundstellung 4-2-4, die die beiden Mittelfeldspieler der Abwehr und dem Angriff zuordnet, ergeben sich Formationen, die mit Erfolg angewendet werden. Die geläufigsten Formationen heißen:
4-2-3-1
4-5-1
3-2-4-1
3-3-3-1
3-1-5-1
3-1-2-3-1

Diese Systeme bieten jedem Trainer die Möglichkeit, eine Mannschaft nach den Gegebenheiten zu formieren. Bei allen Überlegungen wird es jedoch immer wieder darauf ankommen, in den Abwehr- und Angriffshandlungen möglichst mehr Spieler am Ball zu haben als der Gegner. Der konservative Betrachter unserer heutigen Spielweise ist leicht geneigt, die oft überbetonten spieltaktischen Überlegungen als Ursache für das schlechte Spiel der Mannschaft zu sehen. Sicher kann man für das schwache Spiel einer Mannschaft nicht das Abweichen von der Linien- oder W-Formation der Stürmer ansehen. In erster Linie ist es wohl das höhere Spieltempo, das alle Spieler anstreben und die permanente Forderung, sich gegen den Gegenspieler durchsetzen zu müssen.

Bei allen Überlegungen zur spieltaktischen Schulung wird deutlich, daß nur Fortschritte erzielt werden, wenn neben der geistigen Beweglichkeit die technischen Fertigkeiten ausgebildet werden. Das beste

Mannschaftssystem nützt nichts, wenn es nicht vom individuellen technischen Können und der geistigen Beweglichkeit des einzelnen getragen wird.

Die in diesem Kapitel aufgeführten Gemeinschaftshandlungen mit und ohne Ball lassen allen Spielern den Spielraum, sich ihren Fähigkeiten entsprechend zu entfalten. Der Trainer muß seine Spieler so schulen, daß sie ihre Spielhandlungen einfach, unkompliziert und mit größter Geschwindigkeit durchführen. Wichtig ist dabei, daß sie lernen, sich trotz ihrer zum Teil überdurchschnittlichen Stocktechnik der Gesamtkonzeption unterzuordnen.

Da das Hockeyspiel aus einer Mischung von Einzelaktionen, Kombinationen, kurzen Pässen, langen Pässen, Schiebepässen und harten Schlägen besteht, um nur die wesentlichsten Merkmale hervorzuheben, ist es für die Spieler sehr wichtig, in den verschiedenen Spielhandlungen schnelle und richtige Entscheidungen zu treffen. Die Bemühungen, in jedem Fall das Richtige zu tun, werden permanent durch die Gegenspieler behindert. Doch mit der Einzelleistung eines Spielers steigt auch die Gesamtleistung der Mannschaft.

Abwehrtaktik

Immer hat die Verteidigung des eigenen Tors eine überragende Rolle gespielt. So wurde in allen Deckungssystemen deutlich, daß die Angreifer um so sorgfältiger zu decken waren, je näher sie dem eigenen Tor kamen. Besonders galt dies für den Spieler, der innerhalb des Viertelraums in den Besitz des Balls kam.

Mit der technischen und physischen Verbesserung der Spieler machte sich der Trend zur Manndeckung bemerkbar. Viele Abwehrsysteme sind inzwischen darauf abgestellt. Dennoch gehört die Raumdeckung nach wie vor zu den Möglichkeiten, einem gegnerischen Angriff mit Erfolg zu begegnen. Gelingt es dem Gegner, in der Überzahl anzugreifen, ist die Raumdeckung sogar die einzig richtige Deckungsart.

Mit der Raumdeckung begannen alle Überlegungen im Hinblick auf die Torsicherung. Es war selbstverständlich, dem Einzelspieler aus seiner ihm zugewiesenen Position einen festgelegten Tätigkeitsbereich zuzuweisen.

So entstand aus diesem Denken eine Art Streifenordnung. Die drei Läufer wirkten in einem breiten Raum von 18 bis 20 Metern und griffen hier alle Gegenspieler an, die ihnen entgegenkamen. Unterstützung erhielten sie durch die beiden Verteidiger, deren Spielstreifen 25 bis 30 Meter breit waren. Das war sehr übersichtlich und führte bei guter Zusammenarbeit auch zur erfolgreichen Abwehr. Die fünf Stürmer wurden in 11-Meter-Streifen eingewiesen; so war das Spielfeld optimal gedeckt.

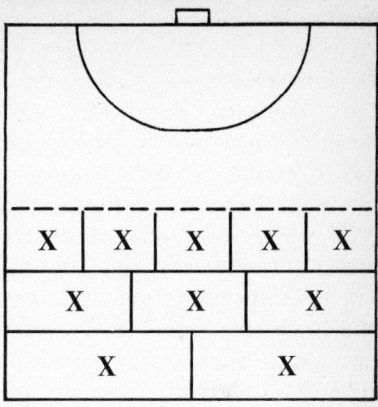

Der Übergang von der Abwehr zum Angriff war überschaubar, da die Stellung der Stürmer bekannt war. Selbst in unübersichtlichen Situationen konnten die Abwehrspieler damit rechnen, daß ihre manchmal unkontrolliert abgespielten Bälle noch die eigenen Stürmer erreichten. Bei der spieltaktischen Schulung der ganz ‹Jungen› kann man auch heute noch empfehlen, mit der Streifenordnung zu beginnen. Die Praxis zeigt, daß sich so leicht Ordnung in eine Mannschaft bringen läßt.

Es leuchtet jedem Spieler ein, daß er nicht überall dorthin laufen kann, wo der Ball ist. Genau das tritt aber ein, wenn keine leichtverständlichen Erklärungen für die einzelnen Mannschaftspositionen gegeben werden. Die Vorteile, speziell für die spieltaktische Schulung mit Anfängern, liegen also auf der Hand. Die Spieler ermüden nicht so schnell und finden leicht den Übergang zum Angriff. Sehr schnell begreift auch jeder, daß er es mit einem ganz bestimmten Gegenspieler zu tun hat. Auch wenn die gegnerischen Stürmer ohne Ball damit beginnen, ihre Angriffspositionen aufzugeben und in andere Spielstreifen hineinlaufen, besteht noch keine Veranlassung, ihnen zu folgen. Erst wenn sie das mit dem Ball tun, wird es für jeden Abwehrspieler zur wichtigsten Aufgabe, seinem Gegner zu folgen und dessen Ballführung wie sein Abspiel zu erschweren. Sobald der Gegner dann abspielt, ist die Abwehraufgabe erfüllt, und die vorherige Position im Spielstreifen wird wieder aufgenommen.

Die Stürmer müssen mit Beginn der Spielschulung angehalten werden, beim Ballverlust Deckungsaufgaben zu übernehmen. Dribbelt zum Beispiel der Linksaußen mit dem Ball und verliert ihn an seinen Gegenspieler, muß er sofort die Verfolgung seines Gegners aufnehmen. An diesem Beispiel wird deutlich, daß man auch in einer Raumdeckung Sicherheit in der Hintermannschaft haben kann. Das individuelle Verhalten im Deckungsstreifen erfordert allerdings, daß immer die innere Linie eingenommen wird. Das heißt, der Deckungsspieler steht seinem Tor immer näher als der Angreifer. So hat der den kürzeren Laufweg, wenn der Gegner zu einem Durchbruch ansetzt.

Man muß bei der Raumdeckung trotz der guten Übersicht auch die Nachteile sehen. Der größte ist wohl, dem Gegner zusehen zu müssen, wie er ruhig und ungestört den Ball annehmen und dann seinen Angriff im wahrsten Sinne des Wortes aufbauen und vortragen kann. Mit der Entwicklung zum athletischen Hockey hat sich der Wandel von der Raum- zur Manndeckung vollzogen, wobei jeder ballbesitzende Spieler angegriffen wird.

Manndeckung

Für den Trainer heißt Manndeckung, seine Spieler auf den Zweikampf vorbereiten. Das individuelle spieltaktische Verhalten eines Spielers wird um so besser sein, je frühzeitiger er durch die Zweikämpfe mit dem Gegenspieler Gelegenheit hatte, Erfahrungen zu sammeln. Zweifellos führt die Umschulung von der Raum- zur Manndeckung zum athletischen Spiel. Überall da, wo die Spieler die körperliche Voraussetzungen mitbringen, wird sich diese Deckungsart durchsetzen. Die Einengung des Spielraums verlangt hohes individuelles Können des einzelnen. Es ist nicht zu übersehen, daß sich die Manndeckung in unserem Spiel so entwickelt hat, daß sie in alle Überlegungen bezüglich der Angriffs- und Abwehrhandlungen einbezogen ist. Ein Spieler, der in der Abwehr den Zweikampf gegen den Angreifer gewinnt, kann sofort den Angriff einleiten. Verliert er den Zweikampf, entstehen Unsicherheiten in der gesamten Abwehr, die sogar eine Niederlage der Mannschaft zur Folge haben können. Das individuelle taktische Verhalten in der Manndeckung verlangt:
- Immer hinter dem Gegner stehen, damit man ihn und den Ball im Auge behalten kann.

- Etwas schräg hinter ihm stehen, damit, wenn der Ballweg es erlaubt, ein schnelles Vorstoßen möglich ist und dadurch der Ball vor dem Gegner erreicht werden kann.
- Bei allen Abwehrbewegungen darauf achten, auf Reichweitendeckung zu bleiben, wobei die Position zwischen Gegner und eigenem Tor nicht aufzugeben ist.

Besonders wichtig ist es, in der Wettkampfschulung die Angreifer so in der Ballannahme zu schulen, daß sie nicht durch die Sperregel unnötige Fehler und damit Ballverluste provozieren. Im Training müssen sie daher lernen, die Bälle stets seitlich stehend anzunehmen. Für den Trainer kommt es darauf an, die Notwendigkeit der Seitstellung seinen Spielern zu erklären, damit sie sich in den oft unübersichtlichen Spielhandlungen entsprechend den Regeln verhalten. Methodisch ist es wichtig, die Spieler erst mit den verschiedenen Bewegungsabläufen vertraut zu machen, um dann in der Fortsetzung zur wettspielgerechten Form überzugehen, das heißt: Der Gegenspieler verhält sich zunächst passiv, um dann aktiv in das Geschehen einzugreifen.

Die wettspieltaktischen Trainings- und Spielformen sollten dazu dienen, die technischen Fertigkeiten unter läuferischer Belastung zu stabilisieren, gleichzeitig aber das spieltaktische Verständnis zu fördern. Sehr geeignet sind Spiele im kleinen Feld, wo die Spieler durch den Trainer in Gruppen eingeteilt werden und festgelegte Aufgaben zu erfüllen haben. Solche Kleinspiele können ablaufen 1:1, 2:2 oder 3:3. Jeder hat seinen Gegenspieler; das individuelle Können am Ball und auch das Verhalten im Kampf um den Ball wird intensiv ausgebildet. Das Spiel 2:2 deckt alle Schwächen auf, die ein Spieler in der Manndeckung hat. Die hier gewählte Schulungsform wird allerdings erst dann sinnvoll, wenn die Spieler die nachfolgenden Grundsätze des individuellen spieltaktischen Verhaltens kennen. Ohne sie bleiben die zu erfüllenden Aufgaben in der Einzel- und Mannschaftstaktik meistens in wohlgemeinten Ansätzen stecken. Die wichtigsten Hinweise lauten:

- Die Bereitschaftsstellung muß ein Reagieren in allen Richtungen ermöglichen.
- Der Angriff auf den Ball – frontal und seitlich – ist erst dann als Abwehrleistung zu werten, wenn nach der Abwehr durch das Weiterspielen des Balls ein Gegenangriff eingeleitet werden kann.
- Bei allen Abwehrbewegungen muß der Abwehrspieler den näheren Weg zum eigenen Tor behalten.

- Wenn der Ball in der eigenen Mannschaft ist, gibt es keine Deckungs-, sondern nur Angriffsaufgaben.

Die für den Wettkampf unerläßliche individuelle Taktikschulung fördert vor allem die geistige Beweglichkeit der Spieler. Diese ist auch erforderlich, wenn, wie es oft in den Spielen vorkommt, gegnerische Angriffe in der Überzahl abzuwehren sind. Sicher kann man den Schußkreis, den es zu überwinden gilt, als ‹stillen Helfer› betrachten; dennoch ist es wichtig, sich zweckmäßig zu verhalten. Im Wettspiel soll der erfahrene Deckungsspieler sein Spielverständnis als Einzelspieler in der Manndeckung dadurch unter Beweis stellen, daß er unterscheidet zwischen Läufen des gegnerischen Stürmers ohne Ball, die Unruhe stiften und ihn aus seiner Position locken sollen, und solchen, die im Sinne des Freilaufens der Ballannahme gelten. Ein erfahrener Spieler versteht es, je nach Lage des gegnerischen Angriffs von einer losen zur engen Manndeckung überzugehen und manchmal sogar bewußt zur Raumdeckung zu wechseln. Damit ist angedeutet, daß das Abwehrspiel des einzelnen variabel sein muß, um den Einzel- oder Mannschaftshandlungen des Gegners erfolgreich begegnen zu können.

Mit der heute praktizierten Mannschaftsformation 4-2-3-1 übernehmen Mittelfeldspieler und Abwehrspieler der Dreierkette Aufgaben in der Manndeckung. Dagegen ist der letzte Spieler (Libero) ohne direkten Gegenspieler raumdeckend tätig. Als die Nationalmannschaft in der neuen Formation zu spielen begann (1966/67), war es in der Tat so, daß der Libero eine geringe körperliche Belastung hatte. Inzwischen haben aber auch seine Hilfsaktionen als freier Mann in der Abwehr Ergänzungen erfahren, die eine hohe körperliche Leistungsfähigkeit erforderlich machen. Es kommt darauf an, wie er seine Möglichkeiten nutzt. Wenn er bei seinen Bemühungen, bei einem seiner Vorderspieler auszuhelfen, den Ball abfängt und sich dabei bereits im Mittelfeld befindet, sollte er auch seine Angriffschancen wahrnehmen.

Ob der Gegner in der Linien- oder W-Formation angreift, spielt bei der 2-3-1-Deckung keine Rolle. Die beiden Mittelfeldspieler decken in jedem Fall die gegnerischen Spielmacher. Gelingt es ihnen, diese auszuschalten, können sie die eigene Angriffsreihe unterstützen. Bevorzugt der Gegner ebenfalls eine 4-2-3-1-Formation, so ist es erforderlich, sich darauf einzustellen. Es bieten sich je nach der Spielstärke des Gegners zwei Änderungen an:

- Der Libero schließt zur Dreierkette auf, wobei der Mittelläufer den gegnerischen Halbrechten übernimmt. Das Aufrücken des Liberos in die Dreierkette hat zwar den Vorteil, den eigenen Sturm komplettzuhalten, bietet dem gegnerischen Angriff jedoch Möglichkeiten, Pässe in den freien Raum zu spielen. Wenn auch theoretisch bei einem Steilpaß des gegnerischen Halbrechten zu seinem Rechtsaußen der linke Außenverteidiger in günstiger Deckungsposition ist, so können ihm doch bei der Abwehr in der Bewegung leicht Fehler unterlaufen. Gleiches trifft zu, wenn der Halbrechte einen Steilpaß in Richtung Tor spielt und so den zur Dreierkette aufgeschlossenen Libero wiederum zwingt, für den Mittelläufer auszuhelfen. Ähnlich sieht es aus, wenn der gegnerische Halblinke seine Pässe in den freien Raum spielt.
- Da sich die beiden Mittelfeldspieler beim Angriff des Gegners immer in der Nähe ihrer Dreierkette befinden, ist es sinnvoller, den linken Mittelfeldspieler ganz zurückzuziehen. Durch diese Maßnahme bleibt der Libero in seiner Position und kann wie gewohnt als freier Mann der Abwehr über die gesamte Breite des Spielfeldes aushelfen. Der Mittelläufer muß dann jedoch den Halblinken des gegnerischen Viermann-Sturms übernehmen. Wie in der früheren 5-3-2-Formation muß nun der eigene Halblinke den gegnerischen rechten Mittelfeldspieler mit übernehmen. Durch dieses taktische Manöver wird erreicht, daß eine Verlagerung des eigenen Angriffsspiels auf die rechte Seite gelingt. Kann der rechte Mittelfeldspieler seinen Gegenspieler ausschalten, ist es seine wichtigste Aufgabe, seinen rechten Flügel zu aktivieren und sich selbst in das Sturmspiel einzuschalten. Seine Läufe mit und ohne Ball können sogar dazu führen, daß er ebensooft vierter wie fünfter Stürmer wird. Die Entscheidung darüber fällt im Mittelfeld.

Abschließend sind folgende Vorteile der 4-2-3-1-Formation hervorzuheben:
- Bereits im eigenen Viertelraum kann sich das Kombinationsspiel entwickeln mit schnellen, kurzen Pässen.
- Die Verteidigung ist enger. Die gegnerischen Stürmer haben viel weniger Raum und finden es gewöhnlich schwierig, ihre Gegenspieler abzuschütteln. Gerade und lange Pässe in die eigene Hintermannschaft werden leicht durch den Libero abgefangen.
- Der Anteil der physischen Belastungen ist auf die Spieler gleichmäßiger verteilt. Die Spieler müssen einen kleineren Teil des Spielfeldes decken; der Ball wird mehr gespielt und weniger gedribbelt.

Was bei einer taktisch geschulten Mannschaft auffällt, ist das flüssige Kombinationsspiel, das alle Spieler beim Gewinn des Balls einbezieht. Für die Spieler selbst bedeutet das, mehr Freude am Spiel zu haben, was sich auf die Gesamtleistungen positiv auswirkt. Kraftreserven werden frei und führen durch die bewegliche Spielweise zu Variationen, die wohltuend fern vom Schema liegen, aber dennoch zur Mannschaftsleistung gehören. Die Erfahrungen haben gezeigt, daß die Abwehr von vornherein mit sechs statt wie früher mit fünf Spielern antritt. Gelingt es, diesen sechs Spielern aufgrund der taktischen Schulung nach dem Abfangen des Balls sofort den Gegenangriff einzuleiten mit Pässen im Sinne des schnellen Gegenangriffs, so sind sie auch solchen Mannschaften überlegen, die zum Zweck der sicheren Abwehr gleich alle Stürmer zur Verstärkung nach hinten rufen.

Eckentaktik

Kurze Ecke

Obwohl Spielern wie Zuschauern der Torerfolg aus der Kombination mehr zusagt als aus der kurzen Ecke, muß man im Bereich der Spieltaktik die kurze Ecke als spielentscheidenden Faktor betrachten. Die Notwendigkeit eines entsprechenden Trainings ist damit angezeigt. Bei Mannschaften, die sich einer betont defensiven Spielweise bedienen, kann durch die Verwandlung einer Strafecke ein offenes Spiel provoziert werden.

Wenn es auch in den Mannschaften Spezialisten gibt, die hohe Verwandlungsquoten verzeichnen können, so ist doch zu bemängeln, daß die Ecke zu wenig variiert wird. Zweifellos ist eine Variation nicht angebracht, wenn sie nicht hinreichend eingeübt ist. Trainer, die über gute Einschläger, Stopper und Schützen verfügen, müssen diese ‹Dreiergespanne› immer wieder zusammenbringen, um die aufeinander abgestimmten Bewegungsabläufe üben zu lassen. Im Anschluß daran werden die übrigen Spieler hinzugenommen, die zur Ausführung am Schußkreis vorgesehen sind.

Die im folgenden dargestellten Ausführungsbeispiele der kurzen Ecke mit den hier beschriebenen Variationen haben sich besonders bewährt.

Kurze Ecke

Standardausführung

Der Einschläger schiebt oder schlägt den Ball so ein, daß die verteidigenden Spieler nur schwer erkennen können, wann der Ball die Schlagfläche des Einschlägers verläßt. Im Augenblick, wo der Ball vom Einschläger abgegeben wird, geschehen zugleich zwei Dinge.

Der Stopper X6 stoppt den Ball mit dem Schläger im Schußkreis (vgl. Abbildung oben). Während der Schütze X3 sich auf den Schlag konzentriert, laufen die Spieler X9, X11, X10 und X7 auf das Tor.

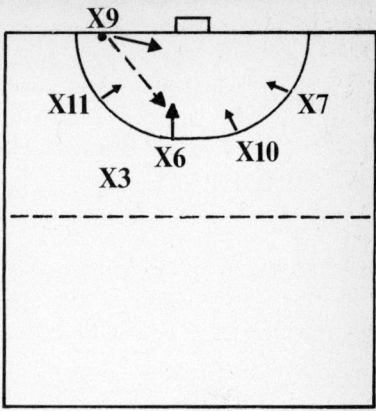

Dieses Nachsetzen ist deshalb wichtig, weil schwach abgewehrte Bälle des Torhüters abgefangen und zum Torschuß verwandelt werden können. Selbstverständlich muß auch der Schütze seinem Schlag nachsetzen.

Variation 1

Bei gleicher Aufstellung der Spieler wird der Ball nach Schlägerstoppen durch X6 vom Schützen X3 nach rechts zu X7 gepaßt. X10 täuscht die Annahme nur vor und stürmt dann auf das Tor. Auch X9 und X11 laufen nach dem Stoppen wieder auf das Tor. X7 kann so mit einem Schrägschuß, manchmal sogar völlig freistehend, zum Torschuß ansetzen.

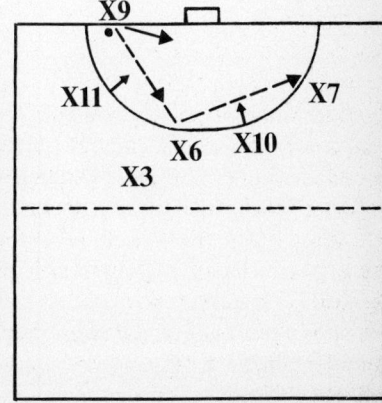

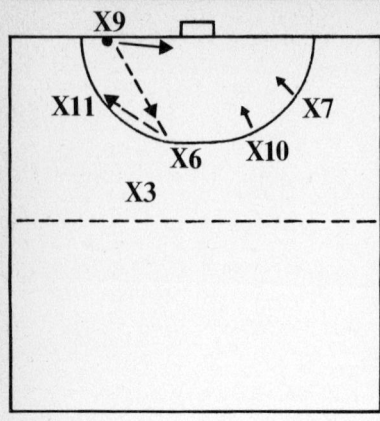

Variation 2
Bei üblicher Aufstellung (vgl. Abbildung Seite 117) erhält wiederum der Stopper X6 den Ball. Er gibt ihn nun mit einem Schiebepaß nach links, wobei X9, X10 und X7 ohne zu zögern auf das Tor stürmen, um ihre Positionen für eventuell abprallende Bälle vom Torhüter einzunehmen. X9 muß den Lauf so einrichten, daß X11 nicht beim Schuß behindert wird; X3 muß nach dem Paß nach links ebenfall in Richtung Tor stürmen.

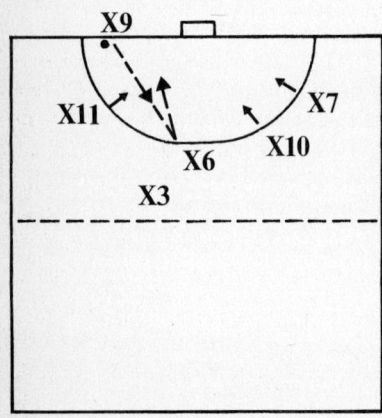

Variation 3
Nun wandert der Ball, nachdem er vom Stopper mit dem Schläger angehalten wird, vom Schützen zurück zum Einschläger. Dieser hat die Aufgabe, nicht direkt auf das Tor zu laufen, sondern 2 bis 3 Meter in Richtung des Schützen. Die Spieler X3, X10 und X7 laufen auf das Tor. X11 muß sich so verhalten, daß er X9 nicht beim Torschuß behindert; dennoch ist er am Nachsetzen beteiligt.

Hinweis: Bei allen Eckenausführungen ist es möglich, aber meistens mit einer Zeitverlängerung zwischen Ballannahme und Torschuß verbunden, wenn der Spieler X3 den Ball stoppt und schießt.
Wichtig: Nach den Hockeyregeln darf der *geschlagene* Strafeckentorschuß die Höhe von 46 cm (Höhe der Torbretter) nicht übersteigen. Diese 46-cm-Regel endet, wenn ein Verteidiger den Ball berührt, der Ball den Viertelraum verlassen hat, die Strafecke durch einen Freischlag für oder gegen die angreifende oder verteidigende Mannschaft beendet wird.
Erlaubt ist jegliche Art des hohen Hebe- und Schlenzballs.

Bei den aufgeführten Möglichkeiten kommt es sehr darauf an, daß die beteiligten Spieler wissen, was geschieht. Aus diesem Grund ist es unerläßlich, daß ein Spieler anzeigt, ob die Standardausführung oder eine der Variationen ausgeführt wird. Es bewährt sich, die Anzeige dem Stopper zu überlassen. Durch festgelegte Zeichen verständigt er die Mitspieler. So wird von vornherein alles gut durchdacht. Vor allem das Nachsetzen kann außerordentlich erfolgreich sein.

Mannschaften, die ihre kurzen Ecken nicht verwandeln können, vergeben damit große Chancen, die ihnen – manchmal sogar durch die Schwächen der Regeln – gegeben werden.

Das Kapitel «Kurze Ecken» wäre unvollständig behandelt, würde man nicht auch die Abwehrmöglichkeiten aufzeigen. Das Einteilen der Abwehrspieler in drei Abwehrwellen hat zwar erstaunliche Wirksamkeit, birgt aber gerade im Mittelteil seine größte Schwäche. Immerhin läuft hier nur ein Spieler als sogenannte zweite Welle heraus und versucht, etwa an der 7-Meter-Markierung seine Verteidigungsposition einzunehmen. Das Tor ist mit dem etwas vorgezogenen Torwart und den beiden Abwehrspielern in den Torecken verhältnismäßig gut gedeckt, vor allem dann, wenn es zur direkten Ausführung kommt. Verstehen es die Angreifer jedoch zu variieren, entstehen oft Tore, die keiner mehr verhindern kann, auch wenn die Abwehrspieler in den Torecken ihre Positionen verlassen und Abwehrversuche unternehmen. Ihre große Chance besteht darin, daß bei der indirekten Ausführung bei den Angreifern Fehler auftreten, die bedingt sind durch Stoppunsicherheiten und somit zu Verzögerungen führen. Aus diesem Grund ist es enorm wichtig, zwei oder drei der an der Mittellinie vorhandenen Abwehrspieler so gut es geht in die Abwehr der kurzen Ekke einzubeziehen. Sie müssen also im Augenblick der Hereingabe des Balls zu ihrem Schußkreis spurten, um zu helfen oder aber wenigstens als Anspielpunkte zu wirken, wenn einer der im Schußkreis abwehrenden Spieler den Ball abgefangen hat und nach vorn spielen will.

Abwehraufstellung
Der Torwart und zwei Abwehrspieler stehen im Tor (vgl. Abbildung Seite 120). 05 nimmt Aufstellung hinter der Torlinie auf der herausgabenahen, 06 auf der herausgabefernen Seite des Tors. 04 startet mit ‹Startblockhilfe› durch 03 aus dem ‹langen› Toreck. Während die erste Abwehrwelle mit den Spielern 04 und 05 bis zum Schußkreis läuft, begnügt sich der Spieler 06 mit einem Lauf bis zur 7-Meter-Markierung. Von hier

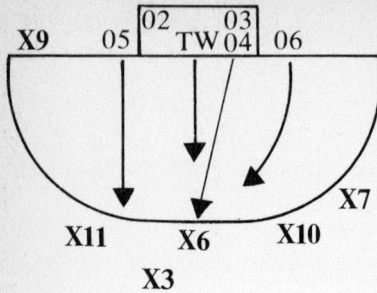

aus kann er etwa in der Mitte des Schußkreises die erforderlichen Abwehraufgaben übernehmen.
Bei dieser Aufstellung hat der Torhüter während der Ausführung der kurzen Ecke freie Sicht. Stehen dem Trainer antritts- und somit spurtschnelle Spieler zur Verfügung, so verliert die kurze Ecke viel an ihrer Gefährlichkeit.

Lange Ecke

Wird der Ball unabsichtlich durch die Spieler der verteidigenden Mannschaft im eigenen Viertelraum über die Torauslinie gelenkt, so müssen die Angreifer den Ball von einem Punkt, 4,55 Meter von der Eckfahne entfernt, mit einem Freischlag ins Spiel bringen.
Die taktische Zielsetzung:
– einen Mitspieler im Schußkreis so anzuspielen, daß er direkt zum Torschuß kommt,
– einen Mitspieler außerhalb des Schußkreises so anzuspielen, daß er durch ein kurzes Dribbling oder einen Doppelpaß den Schußkreis und so eine Torschußgelegenheit erreicht.

Lange Ecke von rechts
1. Der Ausführende X1 schlägt den Ball hart an der Rückhandseite von 01 und 0L (Libero) vorbei unmittelbar in den Bereich vor den Torwart. In diesem Bereich haben die Spieler X3, X4 und X5 Gelegenheit, den Ball direkt aufs Tor zu schießen (abzulenken) oder zu stoppen und dann zu schießen.
Die Spieler X3, X4 bewegen sich ständig hin zum Tor bzw. weg vom Tor, um so ihre jeweiligen Gegenspieler zu beschäftigen. Wichtig ist dabei, daß die Angriffspieler Blickkontakt zum Ausführenden halten.

Lange Ecke

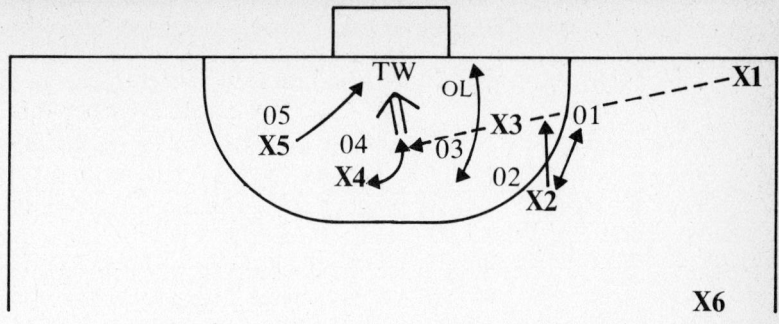

Sofort mit der Eckenausführung sollten beide Spieler versuchen, in den Weg des Balls zu laufen. Eventuell ergibt sich auch eine Torschußgelegenheit, wenn die jeweiligen Gegenspieler 03, 04 und 05 bzw. 0L versuchen, den hart geschossenen Ball zu stoppen. Damit der Ball den Bereich unmittelbar vor dem Tor erreicht, muß der Spieler X2 vor Spieler 01 vordecken, d. h. sich so vor den Spieler 01 stellen, daß diesem Spieler die freie Sicht auf den Ausführenden X1 genommen ist.

2. Ist ein Paß unmittelbar vor das Tor nicht möglich, spielt X1 den Ball zu X2, der in den Schußkreis dribbelt oder mit einem Doppelpaß mit X1 oder X3 in den Schußkreis gelangt und auf das Tor schießt.

3. Deckt der Gegner den Raum vor und im Schußkreis der jeweiligen Ausführungsseite sehr gut ab, spielt der Ausführende X1 den Ball auf den aufrückenden Verteidiger X6, um die gegnerischen Abwehrspieler aus ihrem Schußkreisbereich herauszulocken und damit Spielraum für die wieder anspielbar gewordenen Stürmer X1, X2, X3, X4, X5 zu schaffen.

Lange Ecke von links

1. Der ausführende Spieler X5 schlägt den Ball hart an der Rückhandseite von 05 und 0L vorbei in den Bereich unmittelbar vor dem Tor. Die Spieler X3, X2, X1 bewegen sich ständig hin zum Tor bzw. weg vom Tor, halten allerdings immer Blickkontakt zum Ausführenden. Im Moment der Ausführung starten sie in den Weg des Balls hinein, schießen direkt, lenken den Ball ab Richtung Tor oder stoppen den Ball und schieben, schlagen oder schlenzen ihn auf das Tor. Eventuell ergibt sich eine Torschußgelegenheit, wenn die jeweiligen Gegenspieler 03, 02, 01,

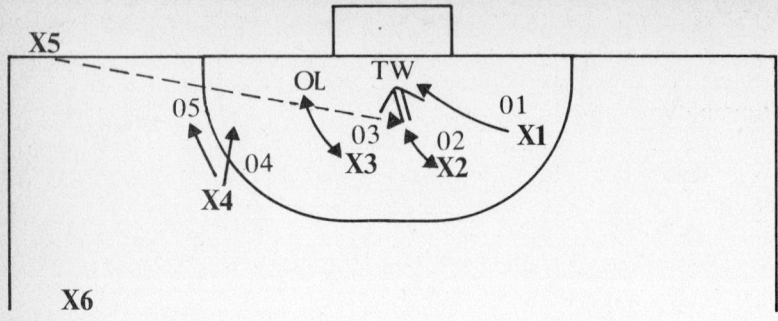

OL versuchen, den mit hoher Geschwindigkeit ankommenden Ball zu stoppen. Damit der von X5 geschlagene Ball an seinem Gegenspieler 05, der am Schußkreisrand Aufstellung nimmt, vorbeigeht, muß der Spieler X4 versuchen, vor 05 ‹vorzudecken› (Erklärung dazu siehe «Lange Ecke von rechts»).
2. und 3. (siehe «Lange Ecke von rechts»)
Bei der Aufstellung der Abwehrspieler sollte gemäß den Grundsätzen, die im Kapitel «Abwehrtaktik», S. 110/«Manndeckung», S. 112 beschrieben wurden, verfahren werden.
Hinweis: Die beteiligten Spieler sollten sich nicht nur an das taktische Konzept halten, sondern immer davon ausgehen, daß sich ständig neue Möglichkeiten bieten, die auch genutzt werden sollten, wenn die Chancen zum Erfolg annähernd so groß sind wie bei den erprobten Möglichkeiten.

7-Meter

Spieltaktisch gesehen ist der 7-Meter schon deshalb von Bedeutung, weil er bei entsprechendem Training der ‹Spezialisten› ein sicheres Tor bedeutet. Der 7-Meter-Schütze muß es verstehen, den Torwart zu täuschen, daß dieser nicht aus dem Ansatz der Schlagfläche an den Ball erkennen kann, wohin der Ball fliegt. Dies gelingt nur, wenn der Schütze regelmäßig und mit Konzentration übt. Auch ist zu berücksichtigen, daß die Nerven eine wichtige Rolle spielen und schon aus diesem Grund das Training von ausschlaggebender Bedeutung ist, erhält der Schütze doch gerade dadurch das für ihn so wichtige Selbstvertrauen für diese Handlung.

Für den Trainer ist es immer gut, zwei Schützen vor dem Spiel zu bestimmen und entsprechend der Tagesform der beiden sich für einen von ihnen zu entscheiden. Wird ein 7-Meter verhängt, sollte ein Spieler, der ohnehin schwach spielt, nicht von der Vorstellung gequält werden, nun auch noch den 7-Meter zu verschießen.

Der 7-Meter hat an Bedeutung gewonnen, weil auch Qualifikationsspiele bzw. Meisterschaften national wie international durch 7-Meter-Schießen entschieden werden können.

Bei der Ausführung hat der Spieler darauf zu achten, daß er das Standbein (rechtes Bein) mit einem Teil des Fußes am Boden läßt. Entweder stellt sich der Spieler wie beim Schlenzen auf (siehe Kapitel «Schlenzen»), oder aber er stellt das rechte Bein nach vorn, um bei der Schlenzbewegung das linke Bein nach vorn aufzusetzen. So kann er mehr Druck erzielen. Je besser es der Schütze versteht, den Torwart zu täuschen, desto größer ist die Wahrscheinlichkeit eines Torerfolges.

Bei der Ausführung des 7-Meters müssen die übrigen Spieler hinter der Viertellinie stehen. Im Gegensatz zum Hallenhockey hat der Schütze ein größeres Tor, 3,66 mal 2,14 Meter gegenüber dem Hallentor von 3 mal 2 Meter. Außerdem ist die Entfernung von der Torlinie genau 6,40 Meter, während beim Hallenhockey die Entfernung exakt 7 Meter beträgt.

Hallenhockey

Die Hallenhockey-Entwicklung in Deutschland setzte bereits um die Jahrhundertwende ein. Da Feldhockeyspielen auf den verschlammten und vereisten Plätzen zwischen November bis in den März unmöglich ist, kamen in verschiedenen Städten Vereine auf die Idee, im Winter in die Halle auszuweichen. Hallenhockey wurde in jenen Jahren in bezug auf den Untergrund (Tennisasche, Beton, Holzboden) und auf die Spielfeld- und Tormaße (Feldhockey- und Eishockeytore; Bandenhöhe 30 Zentimeter in Hamburg, 1,5 Meter in Westfalen) lokal sehr unterschiedlich als mehr oder weniger beliebter Feldhockey-Ersatz betrieben.
Nachdem der Welthockey-Verband (FIH) ab 1952 eine Stabilisierung der Hallenregeln einleitete und der Deutsche Hockey-Bund (DHB) ab 1962 offizielle Hallenmeisterschaften für Damen und Herren und nach und nach für alle Altersklassen einführte, entwickelte sich aus der Ersatzbeschäftigung für die Wintermonate das Sportspiel Hallenhockey, das mittlerweile zu einem festen Bestandteil einer jeden Hockeysaison geworden ist.

Geräte und Regeln

Das Spielfeld (20 Meter Breite, 40 Meter Länge, Schußkreis 9 Meter, Tore 3 Meter Breite und 2 Meter Höhe) und die auf den Seitenauslinien liegende 10 Zentimeter hohe Holzbande bedingen ein rasantes,

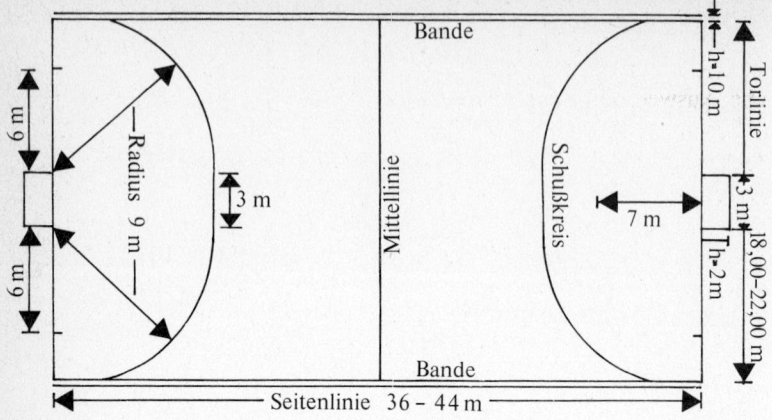

mit schnell wechselnden Schußkreisszenen und vielen Toren gespicktes Spiel, das auch viele Hockeylaien begeistert. Die Mannschaften bestehen aus fünf Spielern, einem Torwart und maximal sechs Auswechselspielern.

Hallenhockey wird gespielt mit einem speziellen Hallenschläger, der im Gegensatz zum Feldschläger eine leichtere und kürzere Keule besitzt und durch Umwicklungen, etwa mit Glasfiber im Bereich des Schafts, besonders gehärtet ist. Im innerdeutschen Spielbetrieb sind seit der Hallenhockeysaison 1979/80 auch Schläger aus Kunststoff erlaubt. Die Hallenbälle aus Kunststoff mit glatter, nahtloser Oberfläche bieten optimale Laufeigenschaften auf den unterschiedlichsten

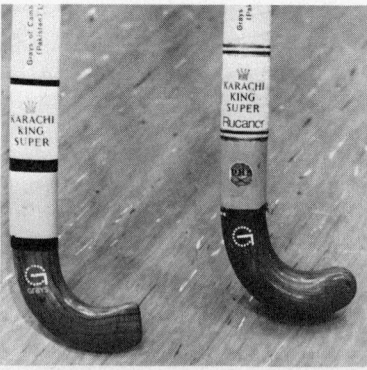

Böden (PVC, Parkett) und ermöglichen durch Farbverschiedenheit (gelb, orange, weiß) ein deutliches Abheben von der Bodenfarbe.
Durch den kleineren Spielraum, die geringere Spielerzahl, das mögliche Auswechseln sowie durch spezielle Hallenregeln (Bande auf den Seitenlinien, kein Abseits, Schlagen nicht erlaubt, Ball darf nur als Torschuß ansteigen usw.) hat die Technik gegenüber der Kondition einen größeren Anteil am Spielerfolg als im Feldhockey. Die Taktik wird bestimmt durch die entfallende Abseitsregel und die Bande. Geschickt als Spielpartner (z. B. als Doppelpaßpartner) genutzt, trägt sie mit dazu bei, daß der Überzahlangriff das wichtigste Element der Angriffstaktik ist und die Abwehrtaktik alle Varianten zwischen Mann-, Raum-, Ganzfeld- und Halbfelddeckung aufweist.

Spieltechnisches Training

Bedingt durch die Regeln, die nur eine stark eingeschränkte Ballsicherung erlauben, konzentriert sich das Techniktraining auf einige Schwerpunkte, die in den folgenden Kapiteln ergänzend zur Feldhockeytechnik thematisiert und zusammen mit ausgewählten Spiel- und Übungsformen dargestellt werden. Dabei sei auf die Beachtung der Grundsätze, die im Kapitel «Training», Seite 15ff, zum Aufbau und zur Anwendung von Spiel- und Übungsformen angesprochen wurden, ausdrücklich hingewiesen.
Unter Technik versteht man die Gesamtheit der hockeyspezifischen Fertigkeiten. Eine Fertigkeit beschreibt den äußerst variablen Zusammenhang zwischen Körper-, Schläger- und Ballbewegung in bezug auf das jeweilige Handlungsziel (z. B. Ballführung) unter Berücksichtigung der Regeln mit dem Ziel einer möglichst rationellen Bewegungsausführung. Die Technik bildet damit die wesentliche Grundlage zur erfolgreichen Lösung von Spielsituationen. Die möglichen Situationsbedingungen (z. B. Führen des Balls mit und ohne Gegnerstörung) beschreiben die erforderlichen individuell-taktischen Fähigkeiten (z. B. Täuschungen mit dem Körper und dem Schläger). Aus diesem Grund erscheint es sinnvoller, die Angriffs- und Abwehrtechniken in Verbindung mit den möglichst gleichzeitig bewußt zu vermittelnden individuell-taktischen Fähigkeiten darzustellen.

Ballführung

Vorhandseitführen

Ergänzend zur Bewegungsbeschreibung im Feldhockey gilt (siehe Fotos links):
- linke Hand vor dem linken Oberschenkel
- 45-Grad-Neigung des Schlägers
- linker Ellbogen etwa in Verlängerung des Schlägers
- Ball rechts vor dem Körper
- senkrechte Schlägerfläche
- tiefe Spielhaltung (starke Knie- und Hüftbeugung)
- großer Winkel Rumpf – Arme
- Ball so weit vor dem Körper, daß der Spieler den Ball beobachten und die umgebende Spielsituation erfassen kann
- möglichst Kontakt zwischen Schlägerfläche und Ball

Anhalten des Balls aus dem Vorhandseitführen
- siehe «Feldhockey», Seite 45f

Vorhandseitführen mit Kurvenlaufen
Linkskurve
- siehe «Feldhockey», Seite 46f

Rechtskurve
- siehe «Feldhockey», Seite 47

Neben der Rechtskurve mit der Vorhand kann diese auch mit der Rückhand gespielt werden. Aus dem Vorhandseitführen bleibt der Ball rechts seitlich vor dem Körper. Der Schläger wird in Rück-

Indisches Dribbling

handstellung gedreht und durch möglichst engen Kontakt der Schlägerfläche zum Ball nach rechts geführt.

Vorhand-Rückhand-Ballführung (Indisches Dribbling)

Die Vh-Rh-Ballführung ist das wichtigste technische Element, da der ebene Hallenboden eine wesentlich bessere Ballkontrolle ermöglicht als der Rasen beim Feldhockey. Der schnelle Wechsel des Schlägers in die Vh- und Rh-Stellung ist ferner Ausgangspunkt für das Umspielen und für die Vh- und Rh-Pässe aus dem Dribbling. Ergänzend zum Feldhockey ist das Vh-Rh-Dribbling in der Halle gekennzeichnet durch (siehe Fotos):

- Drehgriff der linken Hand, das heißt, bei Vh-Stellung zeigt der Handrücken der linken Hand nach oben; der Handrücken der rechten Hand zeigt immer nach rechts.
- Der Ball bleibt möglichst vor der Körpermitte (enge Schlangenlinie des Balls).
- Großer Winkel zwischen Rumpf und Armen.
- Rhythmus (mit Aufsetzen des rechten Fußes Vh-Ballberührung; mit Aufsetzen des linken Fußes Rh-Ballberührung).
- Möglichst häufig den Blick vom Ball heben.

Zur Anwendung der verschiedenen Ballführungsarten

Das Vh-Seitführen ermöglicht die schnellste Ballführung und soll deshalb immer angewendet werden, wenn der freie Raum durch Dribbeln überwunden wird. Das Vh-Rh-Dribbling ist langsamer, bietet dafür aber den Vorteil, daß der Ball ohne Veränderung der Körper- und Schlägerhaltung in jede Richtung abgespielt werden kann. Außerdem ist diese Ballführungsart Ausgangspunkt für alle Umspielungsvarianten, so daß sich für den ballführenden Spieler ergibt, bei Gegnerstörung vom Seitführen in das Vh-Rh-Dribbling überzugehen.

Übungsformen
● siehe «Feldhockey», Seite 44 ff

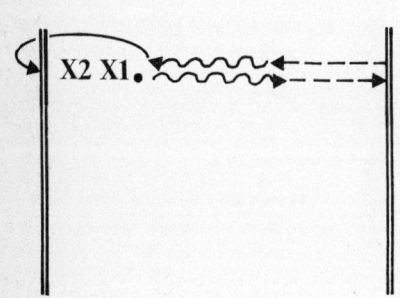

1. X1 führt den Ball mit Seitführen oder Vh-Rh-Dribbling, paßt gegen die Bande und führt den Ball zurück zu X2.

2. Kurvenlaufen in der Dreiergruppe: X1 dribbelt in einer Acht um X3 und X2, übergibt den Ball an X3 und nimmt dessen Platz ein. X3 umdribbelt usw.

3. Slalom mit Seitführen und Vh-Rh-Dribbling
Wichtig: Bei Bewegungen nach links Gebrauch der Vh, bei Bewegungen nach rechts Gebrauch der Rh.

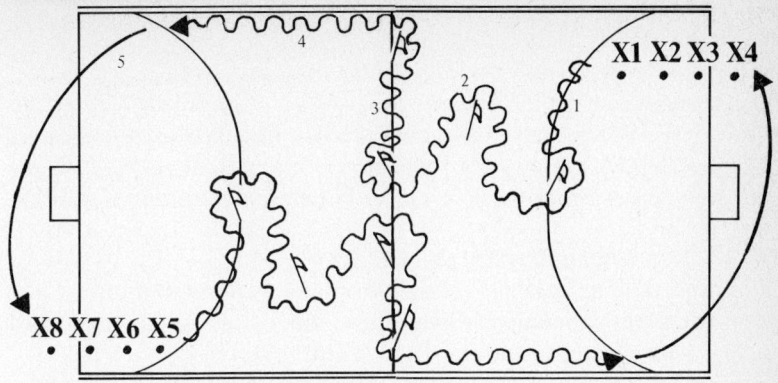

4. Großer Slalom (siehe Abbildung oben)
Aufgaben:
(1) auf der Linie des Schußkreises (Vh-Rh) langsam
(2) Slalom (Vh-Rh) schneller
(3) auf der Mittellinie (Vh-Rh) langsam
(4) Sprinten (Seitführen)
(5) eventuell Torschuß

5. «Schußkreise wechseln»
In jedem Schußkreis dribbelt eine gleiche Anzahl von Spielern. Auf Pfiff versuchen die Spieler, so schnell wie möglich in den gegenüberliegenden Schußkreis zu dribbeln.

6. «Verfolgungsrennen»
Die Trainingsgruppe wird in Zweiergruppen eingeteilt; je ein Spieler wird X1 bzw. X2. Alle X1 dribbeln durch die Halle und versuchen, die X2 zuerst ohne, später mit Ball abzuschütteln. Nach einer bestimmten Zeit (zum Beispiel 30 Sekunden) wechseln die Aufgaben.

7. X1 versucht, dribbelnd X2 zu überlaufen. X2 stellt sich ohne Ball immer wieder X1 zurückweichend in den Weg.

Passen und Annehmen des Balls

Das Passen und Annehmen des Balls ist die wesentliche Grundlage des Kombinationsspiels. Trotz des nach den Regeln ausschließlich erlaubten *flachen* Passens des Balls bieten sich vielfältige Möglichkeiten; denn die Ausführungsformen der Pässe können variieren in bezug auf die
- Schlägerstellung zum Ball (Vh und Rh);
- Körperstellung zur Paßrichtung (Frontal- und Seitstellung);
- Anwendung von keiner (Stand) bzw. einer Ballführungsart (Pässe aus dem Seitführen und aus dem Vh-Rh-Dribbling);
- Übereinstimmung / Abweichung von Laufrichtung und Paßrichtung (Pässe nach rechts und links).

Man unterscheidet folgende Zuspielarten:
    Vh-Schiebepaß aus der Frontalstellung im Stand
    Vh-Schiebepaß aus der Seitstellung im Stand
    Rh-Schiebepaß aus der Seitstellung im Stand
    Vh-Schiebepaß aus dem Seitführen in Laufrichtung
    Vh-Schiebepaß aus dem Vh-Rh-Dribbling in Laufrichtung
    Vh-Schiebepaß aus dem Seitführen nach links
    Vh-Schiebepaß aus dem Seitführen nach rechts
    Rh-Schiebepaß aus dem Seitführen nach rechts
    Vh-Schiebepaß aus dem Vh-Rh-Dribbling nach links
    Rh-Schiebepaß aus dem Vh-Rh-Dribbling nach rechts
    Pässe mit Hilfe der Bande
Das Zuspiel kann im Stand und im Lauf indirekt (mehr als eine Ballberührung) und direkt (nur eine Ballberührung) sowie ohne und mit Hilfe der Bande erfolgen. Das Zuspiel muß aber immer *flach* erfolgen.

Die Ausführungsform der Ballannahme kann variieren in bezug auf:
- Schlägerstellung zum Ball (Vh und Rh);
- bei der Ballannahme im Stand:
Körperstellung zur Paßrichtung (frontal, seitlich),
Körperstellung gesamt (hoch, tief);
- bei der Ballannahme im Lauf:
Richtung des ankommenden Balls (von rechts und links).

Man unterscheidet folgende Ballannahmearten:
Vh-Ballannahme in Frontalstellung im Stand
Vh-Ballannahme in Seitstellung im Stand hoch
Vh-Ballannahme in Seitstellung im Stand tief
Rh-Ballannahme in Seitstellung im Stand hoch
Rh-Ballannahme im Stand tief
Vh-Ballannahme im Lauf, Paß von links
Vh-Ballannahme im Lauf, Paß von rechts
Rh-Ballannahme im Lauf, Paß von rechts

Die Übungsformen zum Passen und Annehmen des Balls fördern immer beide Fertigkeiten.
Durch gezielte Schwerpunktsetzung (erhöhte läuferische Belastung für den paßgebenden Spieler, Erhöhung der Intensität für den ballannehmenden Spieler durch mehrere Zuspieler) lassen sich die entsprechenden Trainingsziele erreichen.

Vorhand- und Rückhandschiebepässe

Vorhandschiebepaß aus der Frontalstellung
- siehe «Feldhockey», Seite 51

Die Füße stehen etwa schulterbreit auseinander, die Fußspitzen zeigen nach vorn. Durch starke Beugung der Knie- und Hüftgelenke und möglichst aufrechten Oberkörper wird die Körperhaltung erreicht, die eine gute Spielübersicht ermöglicht.
Je nach Paßrichtung liegt der Ball vor der Körpermitte (Paß nach vorn) oder mehr zur rechten (Paß nach schräg rechts) bzw. linken (Paß nach schräg links) Fußspitze. Die Schlägerneigung zum Boden beträgt 45 Grad. Die Schlägerfläche ist direkt hinter dem Ball und etwas nach vorn geneigt, damit der Ball nicht ansteigt.Durch Druck der rechten Hand in Paßrichtung wird der Ball ohne Ausholbewegung gespielt. Das Schieben mit Frontalstellung ist nur eine Zuspielart über kurze Entfernung.

Übungsformen
- siehe «Feldhockey», Seite 52

Vorhandschiebepaß aus der Seitstellung im Stand

● siehe «Feldhockey», Seite 53f

Die Seitstellung ermöglicht eine den Schiebepaß unterstützende Gewichtsverlagerung, so daß eine höhere Ballgeschwindigkeit als mit der Frontalstellung erreicht wird.

● Seitstellung, linke Schulter in Paßrichtung
● Gewichtsverlagerung auf das rechte Bein, Schlägerfläche dicht am Ball
● Vorbringen der Hände, Gewichtsverlagerung auf das linke Bein, Kippbewegung um die linke Hand; Ball verläßt in Höhe des linken Fußes den Schläger
● Schläger in Paßrichtung abbremsen (über die Keulenspitze dem Ball nachsehen)

Übungsformen Passen aus der Seitstellung

Übungsformen
1. Zuspiel in der Zweiergruppe durch kleine Tore (siehe Foto oben und Abbildung rechts)

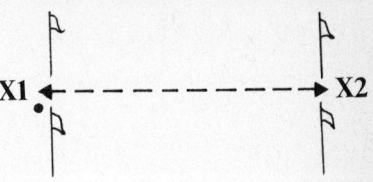

2. Zuspiel im Viereck
Ballweg:
X1 zu X3, X4 zu X2
Laufweg:
X1 und X4 tauschen die Plätze
Ballweg:
X2 zu X4 und X3 zu X1
Laufweg:
X3 und X2 tauschen die Plätze
usw.
Variation: Gleicher Ablauf, nur erste Ballwege:
X1 zu X2, X4 zu X3

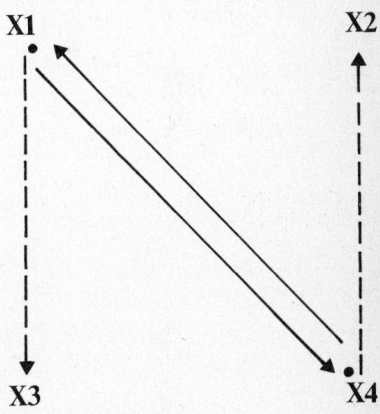

Rückhandschiebepaß aus der Seitstellung im Stand
● siehe «Feldhockey», Seite 54 ff

Vorhandschiebepaß aus dem Seitführen in Laufrichtung
- Aus dem Seitführen Körper in Seitstellung drehen
- linke Schulter in Paßrichtung, klein werden, Blick zum Ball
- Kippbewegung um die linke Hand;
  Blick geht mit dem Ball in Paßrichtung
- Abbremsen des Schlägers

Der Vorhandschiebepaß aus dem Lauf kann auch mit dem rechten Fuß vorn ausgeführt werden, wenn der Spieler in Bedrängnis ist und die Zeit zum langwierigen Umsetzen fehlt. Der Spieler bleibt in der Laufstellung (Fußspitzen in Laufrichtung). Gleichzeitig mit leichtem Ausfallschritt mit dem rechten Bein und dem Abbeugen des Oberkörpers nach vorn erfolgt die Schubbewegung der rechten Hand in Paßrichtung.

Übungsformen
- siehe «Feldhockey», Seite 58

Vorhandschiebepaß aus dem Vh-Rh-Dribbling in Laufrichtung
Hierbei ist wichtig, daß der Spieler den Ball, der vor der Körpermitte läuft, an die rechte Körperseite nimmt und dann wie beim Vh-Schiebepaß aus dem Seitführen fortfährt.

Übungsformen
1. Zuspiel in der Zweiergruppe
Ball- und Laufweg:
X1 paßt zu X2; der läßt den Ball hinter sich an die Bande prallen, kontrolliert den Ball im Vh-Rh-Dribbling und paßt zu X1 usw.

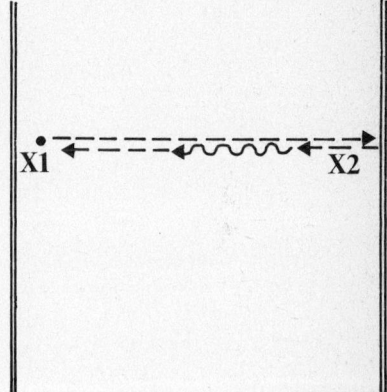

2. Dribbeln und Zuspiel in der Dreiergruppe
Ball- und Laufweg:
X1 paßt aus dem Dribbling zu X3 und läuft nach usw.

Vorhandschiebepaß aus dem Seitführen nach links

- Aus dem Seitführen
- Ball vor den Körper bringen
- Schubbewegung in Paßrichtung
- Abbremsen des Schlägers in Paßrichtung

Vorhandschiebepaß aus dem Seitführen nach rechts (siehe Bildreihe)
- Aus dem Seitführen

- Ball überlaufen, Oberkörper in Paßrichtung drehen, Schlägerfläche direkt am Ball

- Schubbewegung in Paßrichtung

- Abbremsen des Schlägers in Paßrichtung, Aufrichten, Weiterlaufen

Rückhandschiebepaß aus dem Seitführen nach rechts
Der Rh-Schiebepaß erfordert weniger Zeit als der Vh-Schiebepaß nach rechts. Aus dem Seitführen wird der Ball vor die Körpermitte gebracht. Nach erfolgter Drehung des Schlägers in Rh-Stellung *zieht* die rechte Hand und schiebt die linke Hand in Paßrichtung nach rechts.

Pässe aus dem Vorhand-Rückhand-Dribbling

Die Schiebepässe aus dem Vh-Rh-Dribbling haben eine große Bedeutung, da die durch den ebenen Hallenboden verursachte gute Ballkontrolle ansatzlose Pässe nach rechts und links ermöglicht und sich so die Abwehrchancen des Gegners erheblich verringern.

Vorhandschiebepaß aus dem Vh-Rh-Dribbling nach links

Der Ball wird im Vh-Rh-Dribbling mit dem Aufsetzen des linken Fußes mit der Rh schräg nach vorn gespielt. Nach der Schlägerdrehung in Vh-Stellung erfolgt durch Schub der rechten Hand in Paßrichtung der Vh-Schiebepaß nach links.

Rückhandschiebepaß aus dem Vh-Rh-Dribbling nach rechts (siehe Bildreihe)

Um den Paß ansatzlos zu spielen, wird das regelmäßige Wechseln von Vh und Rh auch vor dem Paß erhalten.

- Ball im Dribbling mit der Vh schräg nach vorn spielen
- Drehung des Schlägers in Rh-Stellung
- Mit dem Aufsetzen des linken Fußes Zugbewegung der rechten und Schubbewegung der linken Hand in Paßrichtung

Übungsformen
● siehe «Feldhockey», Seite 68

1. Zuspiel nach links
Ball- und Laufweg:
X1 dribbelt bis zur Markierung, paßt nach links auf X2, läuft rechts an der Markierung vorbei und stellt sich einige Meter dahinter wieder auf.
Zuspiel nach rechts
Ball- und Laufweg:
X1 dribbelt, paßt vor der Markierung nach rechts und läuft links vorbei bis einige Meter hinter die Markierung.

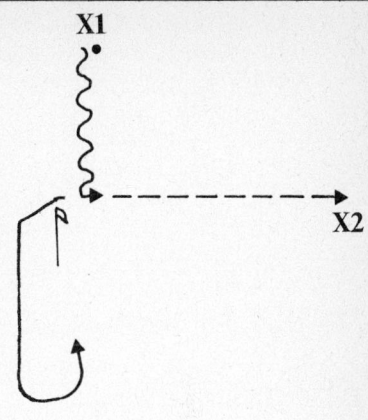

2. Zuspiel nach links
Ball- und Laufweg:
X1 und X3 dribbeln, schieben den Ball durch die Tore und laufen ihrem Paß nach. X2 und X4 stoppen die Bälle, dribbeln usw. (Abbildung rechts und Foto unten).
Zuspiel nach rechts
Ball- und Laufweg:
siehe oben

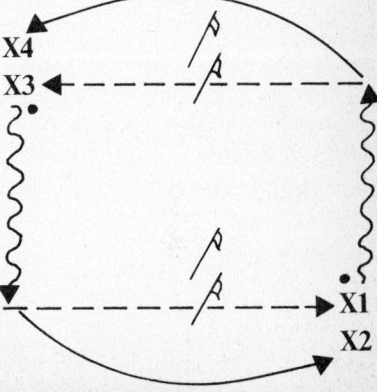

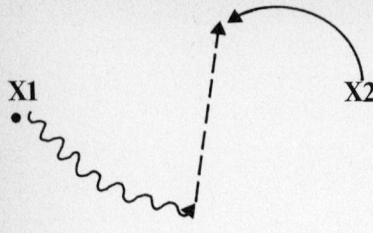

3. Zuspiel nach links
X1 und X2 bewegen sich auf einem Kreis. X1 dribbelt links herum und paßt zu X2 usw.
Zuspiel nach rechts
Ball- und Laufweg:
X1 dribbelt rechts herum und paßt zu X2 usw.

Pässe mit Hilfe der Bande

Beim Zuspiel mit Hilfe der Bande muß beachtet werden:
- die Stellung (Entfernung, Winkel) des Zuspielers zur Bande,
- die Stellung (Entfernung, Winkel) des annehmenden Spielers zur Bande,
- die Geschwindigkeit des Balls.

Die physikalischen Gesetzmäßigkeiten zum ‹schiefen Stoß› – Einfallswinkel gleich Ausfallswinkel – haben nur Gültigkeit bei genügender Härte des Balls und der Bande. – Bei weichen Bällen bzw. weichem Bandenholz sind sehr hohe Ballgeschwindigkeiten notwendig.

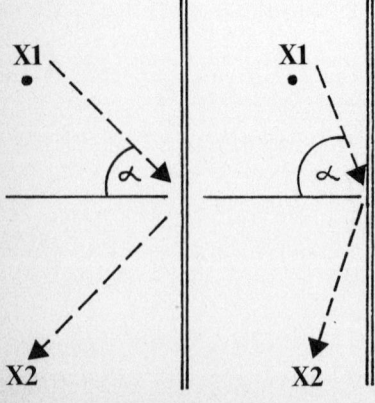

In bezug auf die Stellung unterscheidet man eine ‹spitze› (Abb. links) und eine ‹stumpfe› (Abb. rechts) Stellung zur Bande.

Übungsformen Zuspiel mit der Bande

Übungsformen

1. Zuspiel mit Hilfe der Bande
Ball- und Laufweg:
X1 zu X3 und läuft nach,
X3 zu X2 und läuft nach.
Variationen: im Stand, aus dem Dribbling

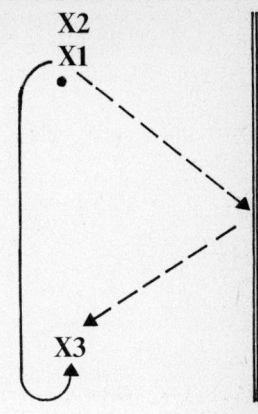

2. Zuspiel im Viereck
Ball- und Laufweg:
X1 zu X2 und nachlaufen,
X2 zu X3 und nachlaufen,
X3 zu X4 und nachlaufen,
X4 zu X5 und nachlaufen.

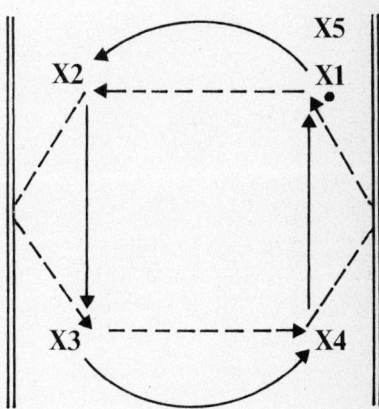

Fortgeschrittene Spieler sollten durch Anwendung der verschiedenen Ausführungsformen an einen Mitspieler passen können:
   im Stand,
   im Lauf,
   aus dem Seitführen,
   aus dem Vh-Rh-Dribbling,
   unabhängig von der Fußstellung,
   mit variabler Härte,
   ohne oder mit Hilfe der Bande.

Vorhand- und Rückhandballannahme im Stand

Vorhandballannahme in Frontalstellung im Stand (hoch) (siehe Fotos)
- siehe «Feldhockey», Seite 52
- Bereitschaftsstellung, Fußspitzen in Paßrichtung, Blick auf den Ball

- Ball mit den Augen beim Zuspieler abholen; Schlägerfläche etwas dem Ball entgegengeneigt auf den Boden bringen

- Hände liegen entspannt am Schläger und reagieren auf den Druck des ankommenden Balls nachgebend

Wichtig: Schlägerfläche dem Ball entgegenneigen!

Vorhandballannahme in Seitstellung im Stand (hoch)
Soll im Anschluß an die Ballannahme ein weiter Schiebepaß gespielt werden, ist es günstiger, mit dem ankommenden Ball den rechten Fuß bis in Seitstellung (linke Schulter in Paßrichtung) zurückzusetzen und den Ball vor der Körpermitte anzunehmen.

Vorhandballannahme in Seitstellung im Stand (tief)
Um einen größeren Teil der Schlägerfläche auszunutzen und damit die Sicherheit zu erhöhen, wird das tiefe Ballannehmen angewendet (siehe Fotos).
- Aus der Bereitschaftsstellung; Drehen des rechten Fußes nach rechts
- Tiefes Abbeugen des Oberkörpers;
Schläger in der ganzen Länge zum Boden
- Ball mit der Keule, besser mit dem Schaft annehmen

Wichtig: Schlägerfläche dem Ball entgegenneigen!

Rückhandballannahme in Seitstellung im Stand (hoch)
● siehe «Feldhockey», Seite 54f

Erkennt der Spieler, daß der Ball an seiner linken Körperseite ankommt, werden aus der Bereitschaftsstellung der linke Fuß zurückgesetzt bis in Seitstellung (rechte Schulter in Paßrichtung), gleichzeitig der Schläger in Rückhandstellung gebracht (linke Hand dreht, rechte Hand stützt mit gelockertem Griff) und dann der Ball in Höhe der linken Fußspitze angehalten.

Rückhandballannahme im Stand (tief)

Um die gesamte Schlägerfläche bei der Rückhandballannahme auszunutzen und damit wesentlich mehr Sicherheit als bei der hohen Ballannahme zu gewinnen, ist das Perfektionieren dieser Technik im modernen Hallenhockey unerläßlich.

In der Bereitschaftsstellung dreht die linke Hand den Schläger nach vorn in Rh-Stellung. Nach gleichzeitigem Lösen der rechten Hand wird der Schläger links neben dem Körper in seiner ganzen Länge zum Boden gebracht, so daß durch die Neigung der Schlägerfläche dem Ball entgegen dieser nicht unter dem Schläger passieren kann.

Das Annehmen des Balls kann so mit der gesamten Schlägerfläche erfolgen. Die anschließende Aktion (Paß, Dribbling) sollte wiederum mit beiden Händen am Schläger ausgeführt werden.

148 Rückhandballannahme im Stand

Eine weitere Ausführungsform ist:
In der Bereitschaftsstellung dreht die linke Hand am Schläger nach vorn; gleichzeitig wird der Schläger mit der Schlägerfläche in Paßrichtung zeigend zum Boden gebracht.

Wichtig: Schlägerfläche dem Ball entgegenneigen!

Übungsformen
1. Zuspiel und Ballannahme in der Zweiergruppe

Geringe Entfernung:
frontales Annehmen und Passen
Rh-Ballannahme im Stand hoch und tief

Größere Entfernung:
Vh-Schiebepässe mit Seitstellung
Vh- oder Rh-Ballannahme hoch oder tief

Übungsformen Ballannahme

2. Ballannahme in der Dreiergruppe
Ballweg:
X2 zu X1, X1 zu X2, X3 zu X1, X1 zu X3 usw.

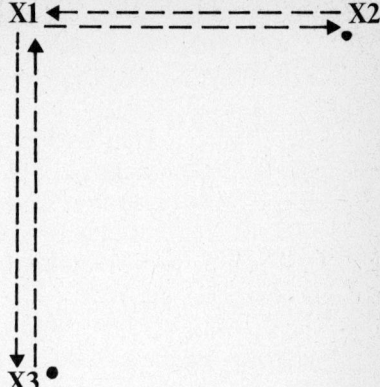

3. Zuspiel und Ballannahme im Viereck
Ballweg:
X1 zu X2 und X3 zu X4 oder
X1 zu X4 und X3 zu X2

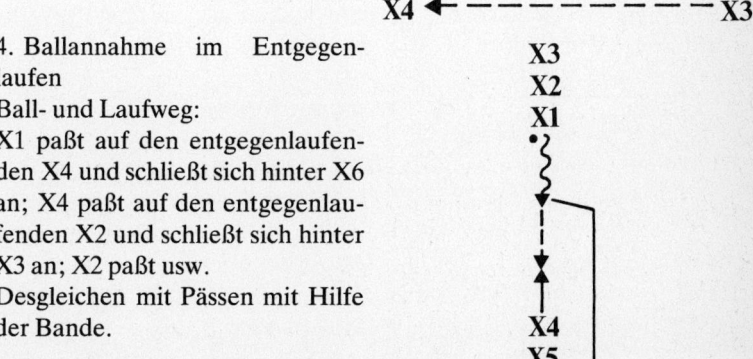

4. Ballannahme im Entgegenlaufen
Ball- und Laufweg:
X1 paßt auf den entgegenlaufenden X4 und schließt sich hinter X6 an; X4 paßt auf den entgegenlaufenden X2 und schließt sich hinter X3 an; X2 paßt usw.
Desgleichen mit Pässen mit Hilfe der Bande.

Vorhand- und Rückhandballannahme im Lauf

Vorhandballannahme im Lauf bei Zuspiel von links
Im Lauf wird der Schläger mit 45-Grad-Neigung zum Boden so vor den Körper genommen, daß die Schlägerfläche nach links zeigt und dem Ball entgegengeneigt ist. Mit dem ersten Ballkontakt mitten vor dem Körper wird der Ball so kontrolliert, daß sich sofort weitere Aktionen wie Ballführung oder Schiebepaß anschließen können. Der etwas nach links gedrehte Oberkörper erleichtert dem Spieler den Blick auf den ankommenden Ball.

Vorhandballannahme im Lauf bei Zuspiel von rechts
Im Lauf wird der Schläger mit 45-Grad-Neigung zum Boden durch Drehen des Oberkörpers nach rechts und Vorbringen des linken Ellbogens so rechts neben den Körper gebracht, daß die Schlägerfläche, dem Ball entgegengeneigt, nach rechts zeigt. Der erste Ballkontakt erfolgt, unabhängig davon, ob der rechte oder linke Fuß vorn steht, in jedem Fall neben dem Körper.

Rückhandballannahme im Lauf bei Zuspiel von rechts
Diese Art der Ballannahme erfolgt immer dann, wenn dem Spieler keine Zeit bleibt, sich in die Vorhandstellung zu bringen, oder die Rückhandballannahme in bezug auf die nachfolgenden Aktionen zweckmäßiger erscheint. Der Schläger wird vor dem Körper in Rh-Stellung gedreht. Der erste Ballkontakt erfolgt mit der dem Ball entgegengeneigten Schlägerfläche vor dem linken Fuß, um ein weites Abspringen zu vermeiden.

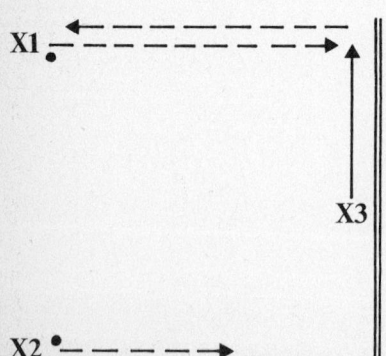

Übungsformen
1. Ball- und Laufweg:
X1 paßt in Richtung Bande; X3 erläuft, nimmt an und paßt zurück zu X1;
X2 paßt in Richtung Bande usw.
Variation: X1 paßt schräg in Richtung Bande.

Übungsformen Ballannahme im Lauf

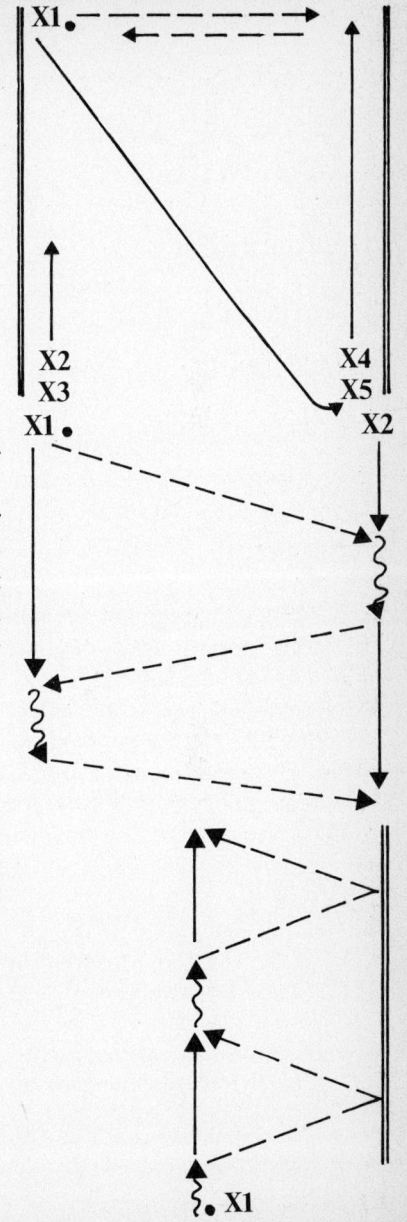

2. Ball- und Laufweg:
X1 paßt in Richtung Bande und läuft hinter X 5;
X4 erläuft, paßt in Richtung Bande und läuft hinter X3;
X2 erläuft usw.

3. Ball- und Laufweg:
X1 und X2 laufen nebeneinander und passen sich den Ball zu.
Ein langsames Erhöhen der Schwierigkeit kann durch das Begrenzen der Ballkontakte erreicht werden – zuerst drei, später zwei und abschließend einen Ballkontakt (direkte Pässe).

4. Ball- und Laufweg:
X1 läuft im Abstand von 3 bis 4 Meter zur Bande, paßt an die Bande nach links bzw. rechts, nimmt an usw.

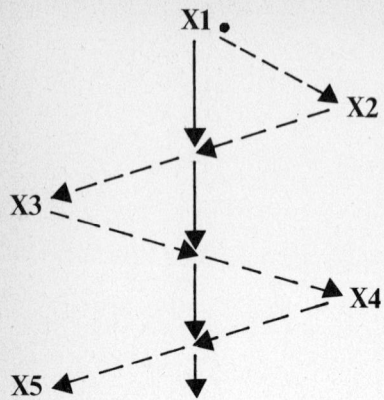

5. Ball- und Laufweg:
X1 paßt zu X2,
X2 paßt zu X1, X1 paßt zu X3,
X3 paßt zu X1 usw.
X1 läuft durch die Gasse.

Umspielen

Besondere Bedeutung hat das Umspielen, das heißt den Gegner mit Ball zu überlaufen, durch die in den meisten Hallenhockeysystemen praktizierte Manndeckung.
Bedingt durch das ausschließlich erlaubte flache Spielen des Balls und die Sperregel – der Körper darf nicht zum Absperren des Balls genutzt werden –, steht auch hier die perfekte Koordination von Stock- und Körperbewegungen im Vordergrund. Wichtig für das Umspielen in der Halle ist es, den Abwehrspieler außerhalb seiner Reichweite zu umspielen.

Man unterscheidet:
- Umspielen durch Vorbeischieben,
- Umspielen Vorhand (links),
- Rückhand (rechts),
- angetäuschtes Umspielen rechts und links,
- Umspielen mit Hilfe der Bande.

Umspielen durch Vorbeischieben

Das Umspielen hat vor allem im Spiel des Anfängers einige Bedeutung, da die komplexe Abwehrtechnik des Abfangens mit der tiefen Rückhand noch nicht so ausgeprägt ist.
Aus dem Seitführen wird der Ball mit der Vorhand temperiert an der Rückhandseite des Abwehrspielers vorbeigeschoben. Mit einer Temposteigerung wird links am Abwehrspieler vorbeigelaufen und der Ball wieder in das Dribbling genommen. Eine hohe Bereitschaftsstellung des Abwehrspielers, verbunden mit paralleler Fußstellung, begünstigt diese Art des Umspielens. Ohne auf die im Kapitel «Feldhockey», Seite 78 bis 84, bereits ausführlich beschriebenen Techniken Umspielen Vorhand, Umspielen Rückhand und angetäuschtes Umspielen einzugehen, wird im folgenden das für die Halle bedeutsame Umspielen mit Hilfe der Bande beschrieben.

Umspielen mit Hilfe der Bande

Umspielen an der rechten Bande
Im Seitführen wird der Ball etwas überlaufen. Der Oberkörper wird nach rechts gedreht, so daß der Ball neben dem Körper eng an den Füßen läuft. Der folgende Schiebepaß nach rechts in Höhe des Abwehrspielers an die Bande mit gleichzeitigem Sprint links am Abwehrspieler vorbei wird so schnell wie möglich wieder in das Dribbling genommen.

Umspielen an der linken Bande

Die Schwierigkeit, an der linken Bande zu umspielen, besteht darin, den Paß an die Bande außerhalb der Vorhandreichweite des Abwehrspielers zu spielen.
Im Seitführen wird der Ball vor die Körpermitte gebracht und durch eine Körpertäuschung nach rechts die Bande geöffnet. Mit dem Versuch des Abwehrspielers, das Umspielen auf seiner Rückhandseite zu verhindern, erfolgt der temperierte Schiebepaß nach links in Höhe des Abwehrspielers an die Bande. Nach einem Sprint rechts am Abwehrspieler vorbei wird der Ball wieder in das Dribbling genommen.

Da der Paß an die linke Bande durch die Vorhandreichweite des Abwehrspielers ein Risiko bedeutet, wird häufig das *Umspielen Rückhand* angewendet.
Im Seitführen wird der Ball vor die Körpermitte gebracht und durch Körper- und Stocktäuschung der Paß an die Bande angetäuscht. Gleichzeitig wird mit kraftvollem Abdruck vom linken Bein durch Zug der rechten und Schub der linken Hand der Ball nach rechts gespielt und sofort mit der Vorhand das nachfolgende Dribbling begonnen.

Zum Erlernen des Umspielens

1. Umspielen Vorhand
Ein-Schritt-Anlauf mit rechts an den ruhenden Ball, Schieben des Balls mit Vorhand quer nach links am liegenden Schläger vorbei, Dribbelbeginn mit Rückhand.
2. Drei-Schritt-Anlauf mit rechts-links-rechts an den ruhenden Ball, Schieben des Balls mit Vorhand quer nach links am liegenden Schläger vorbei, Dribbelbeginn mit Rückhand.
3. Umspielen Rückhand
Ein-Schritt-Anlauf mit links an den ruhenden Ball, Ziehen des Balls mit Rückhand schräg nach rechts am liegenden Schläger vorbei, Dribbelbeginn mit Vorhand.

4. Drei-Schritt-Anlauf mit links-rechts-links an den ruhenden Ball, Ziehen des Balls mit Rückhand schräg nach rechts am liegenden Schläger vorbei, Dribbelbeginn mit Vorhand (siehe Foto).
5. Umspielungsversuche Vorhand und Rückhand an einem passiven Abwehrspieler (rechter Fuß des Abwehrspielers an der Markierung).

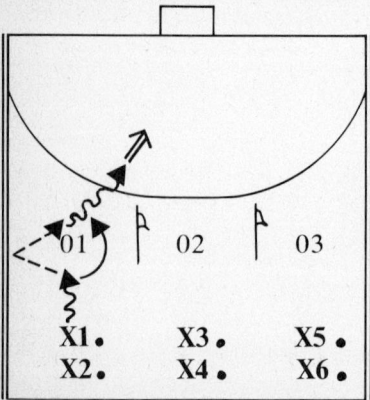

6. Umspielungsversuche durch ein großes Tor mit Torschuß
Ball- und Laufweg:
X1 umspielt, schießt und schließt sich hinter X6 an;
X3 umspielt, schießt und schließt sich hinter X2 an;
X5 umspielt, schießt und schließt sich hinter X4 an usw.

Eine sich steigernde Erschwernis wird durch folgende Aufgaben erreicht:

1. Die Abwehrspieler 01, 02 und 03 bleiben auf ihrer ‹Torlinie›.
2. Die Abwehrspieler 01, 02, und 03 kommen entgegen und begleiten den Angreifer bis zu ihrer ‹Torlinie›.
3. Die Abwehrspieler 01, 02, und 03 kommen entgegen und begleiten den Angreifer bis zur Schußkreislinie.
4. Die Abwehrspieler 01, 02 und 03 spielen (kommen entgegen, begleiten, setzen nach) gegen die jeweiligen Angreifer auf den ‹Spielstreifen› zwischen Mittel- und Schußkreislinie.

Abwehrtechniken

Die Techniken in der Abwehr sind im Hallenhockey stark eingeschränkt durch die Regeln. Der Schläger darf nur zum Spielen des Balls eingesetzt werden. So hat der Abwehrspieler auf den Moment zu warten, wo sich der Angreifer den Ball so weit vorgelegt hat, daß ein Spielen des Balls möglich ist, ohne den Schläger des Angreifers zu berühren. In bezug auf das Spielen des Balls sind nur Schubbewegungen, also keine Schlagbewegungen wie der Abwehrschlag im Feldhockey erlaubt. Auszunutzen gilt es, daß der Angreifer seinen Körper nicht zum Abschirmen des Balls nutzen darf, so daß durch entsprechendes Stellungsspiel immer eine Position erreicht werden sollte, die einen ungehinderten Blick und damit eine ungehinderte Schlägerbewegung auf den Ball ermöglicht.

Die durch den Schläger bedingte unterschiedliche Schwierigkeit beim Spielen des Balls mit Vorhand und Rückhand wird dahingehend genutzt, daß so oft wie möglich dem Angreifer Aktionen angeboten werden, die auf der Vorhandseite des Abwehrspielers ablaufen und so leichter abzuwehren sind. Im Gegensatz zum Feldhockey, wo die begleitende Abwehr und der Abwehrschlag einen Komplex bilden, spricht man im Hallenhockey besser von der begleitenden Abwehr und dem Herausspielen des Balls. Aufgrund der Regel, daß der Ball nur flach gespielt werden darf, kommt dem Abfangen des Balls insbesondere im Zweikampf erhöhte Bedeutung zu.

Folgende Abwehrtechniken lassen sich unterscheiden:
- begleitende Abwehr und Herausspielen des Balls Vorhand und Rückhand;
- begleitende Abwehr und Abfangen des Balls Vorhand und Rückhand.

Begleitende Abwehr und Herausspielen des Balls

Vorhand

Mit dem Begriff ‹begleitende Abwehr› sind alle Aktionen (Versperren der geraden Dribbelrichtung; Anbieten der abwehrstarken Vorhandseite) des Abwehrspielers beschrieben, die das Ziel haben, aus der abwehrungünstigen Frontalstellung in eine abwehrgünstigere seitliche, eben begleitende Stellung zu gelangen. Durch entsprechendes Rückwärts- und Seitwärtslaufen versucht der Abwehrspieler, dem frontal herandribbelnden Ballbesitzer seine abwehrstarke Vorhandseite zum Weiterdribbeln anzubieten. Dazu bleibt der linke Fuß immer etwas weiter vorn als der rechte. Passiert der Angreifer den Abwehrspieler seitlich, begleitet der Abwehrspieler und bringt seine Schlägerfläche so nah wie möglich an den Ball, ohne den Lauf des Angreifers zu behindern. Mit einer kurzen Schubbewegung der linken Hand nach links wird der Ball aus der Ballführung herausgespielt. Aus Gründen der Reichweite ist im Moment des Herausspielens nur die linke Hand am Schläger. Um den Schläger sicher zu kontrollieren, haben während der übrigen Zeit jedoch beide Hände Griff am Schläger.

Rückhand

Das regelgerechte Herausspielen des Balls mit der Rückhand ist sehr schwierig und verlangt äußerste Konzentration des Abwehrspielers.

Der Abwehrspieler begleitet den rechts von ihm ballführenden Angreifer, indem er den in Rückhandstellung gedrehten Schläger nur mit der linken Hand so nah wie möglich an den Ball bringt, ohne Körper und Schläger des Angreifers zu berühren.
In einem günstigen Moment (ballführender Angreifer verliert den Kontakt der Schlägerfläche zum Ball) wird – mit einer kurzen Schubbewegung der linken Hand nach rechts – dem Angreifer der Ball aus der Ballführung herausgespielt.

Begleitende Abwehr und Abfangen des Balls

Vorhand
In der begleitenden Abwehr – Zurückweichen mit dem Angreifer mit rückwärts-seitwärts gerichteten Laufschritten – wird die Technik der tiefen Vorhandballannahme (siehe Seite 145) in dem Moment angewendet, in dem der Angreifer zum Umspielen ansetzt bzw. ein Abspiel versucht.

Rückhand
Im Zurückweichen wird die Technik der tiefen Rückhandballannahme (siehe Foto unten und Seite 147f) angewendet.

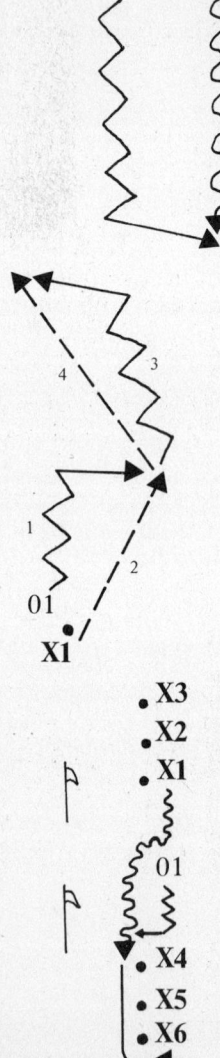

Übungsformen

1. Versperren des Dribbelwegs
01 versperrt zurückweichend (immer Blick zum Ball) den Dribbelweg von X1 von Schußkreislinie zu Schußkreislinie.

2. Herausspielen Vorhand (siehe Abbildung)
01 begleitet und spielt heraus; mehrmals auf der gesamten Spielfeldlänge.

3. Herausspielen Rückhand
wie (2).

4. Abfangen Vorhand und Rückhand (siehe Abbildung)
01 weicht zurück und bekommt vom vorrückenden X1 immer abwechselnd Bälle auf die Vorhand und Rückhand.

5. Im Schußkreis dribbeln 10 bis 15 Spieler. Jeder versucht, den Ball der anderen durch Herausspielen aus dem Schußkreis zu spielen.

6. 01 versucht, die Pässe zwischen X1 und X2 abzufangen. Es können Pässe ohne und mit Hilfe der Bande gespielt werden.

7. 01 versucht, die Umspielungsversuche abzufangen. Der Ball muß über die jeweils hintere Linie gedribbelt werden (siehe Abbildung).
Laufweg:
X1 hinter X6,
X4 hinter X3

8. Siehe Übungsformen zum Umspielen Seite 156f

Torschuß

Schußkreis- und damit Torschußszenen sind das abschließende Ziel eines jeden Spielzugs und zählen zu den Höhepunkten im Spiel. Der Zweikampf Angreifer – Torwart ist eine Bewährungsprobe, die vom Angreifer die Beherrschung des geschobenen, gehobenen und geschlenzten Torschusses sowie des Stechers und deren situationsgerechte Anwendung verlangt.
In Kombination mit den schon genannten grundlegenden Techniken Ballführung, Passen und Ballannahme ist der Torschuß ein Schwerpunkt des Trainings.
Als Torschußart unterscheidet man
- Schiebeball,
- Schlenzball,
- Hebeball,
- Stecher.

Schiebeball

Die Technik des Schiebeballs entspricht der des Schiebepasses und soll an dieser Stelle nicht wiederholt werden, vgl. dazu Seite 133 ff.

Schlenzball

Im Gegensatz zum Feldhockey, wo der Schlenzball als Torschuß und Zuspiel möglich ist, findet der Schlenzball im Hallenhockey nur als Torschuß Anwendung.

Die Technik des Schlenzens ist der des Schiebens sehr ähnlich. Beim Schieben wird die Schlägerfläche senkrecht von hinten, beim Schlenzen schräg von hinten unten an den Ball gebracht. Die eigentliche Schubbewegung geht dann beim Schieben dem Boden entlang, beim Schlenzen nach vorn oben, so daß der Ball ansteigt.

Schlenzball

Aus der Ballführung – Fußspitzen zeigen in Laufrichtung – wird der Ball etwas überlaufen und der Oberkörper nach rechts gedreht. Mit der Schrittfolge links-rechts-links wird die Seitstellung (linke Schulter in Schlenzrichtung) erreicht. Gleichzeitig wird der Schläger so entgegen der Schlenzrichtung geneigt, daß die Schlägerfläche von hinten unten Kontakt zum Ball hat. Die mit dem Aufsetzen des rechten und linken Fußes einsetzende Schubbewegung der rechten Hand nach vorn oben (Kippbewegung um die linke Hand), die unterstützt wird von einer schnellkräftigen Linksdrehung des Oberkörpers, bewirkt das Ansteigen des Balls.

Lernschritte Schlenzball

Zum Erlernen des Schlenzballs

Zum Erlernen haben sich folgende Stufen bewährt, die am intensivsten an einer Wand trainiert werden können.

1. Schlenzen des ruhenden Balls in Seitstellung im Stand

Die Hände greifen etwa schulterbreit auseinander, so daß der Handrücken der linken Hand in, der Handrücken der rechten Hand entgegen der Schlenzrichtung zeigen. In Seitstellung (linke Schulter in Schlenzrichtung), die Füße in mittelweiter Grätschstellung, liegt der Ball in Höhe des linken Fußes so weit von der Fußspitze entfernt, daß die Schlägerneigung 45 Grad zum Boden beträgt. Die Schlägerfläche hat von hinten unten Kontakt zum Ball (an der Schlägerfläche entlang unter den Ball sehen). Zum Erreichen einer Vorspannung wird das Gewicht auf das hintere rechte Bein verlagert. Mit dem Verlagern des Gewichts auf das vordere linke Bein erfolgt das Einsetzen der Schubbewegung der rechten Hand nach vorn oben (Kippbewegung um die linke Hand), an deren Ende die Keulenspitze nach oben zeigt.

2. Schlenzen des ruhenden Balls mit einem seitlichen Anlaufschritt

Die Spieler stehen einen Schritt entgegen der Schlenzrichtung hinter dem und seitlich zum Ball.

Mit der Ausführung des Anlaufschritts (Ball vor der linken Fußspitze) wird so früh wie möglich mit der Schlägerfläche Kontakt zum Ball aufgenommen und geschlenzt.

3. Schlenzen des ruhenden Balls mit drei Anlaufschritten

Der Spieler nimmt so weit hinter dem Ball Aufstellung, daß er den Ball mit drei Schritten erreicht. Die Fußspitzen zeigen in Schlenzrichtung. Mit den drei Anlaufschritten bringt sich der Spieler in Seitstellung. Nach dem ersten Schritt mit links wird beim zweiten Schritt der rechte Fuß nach rechts gedreht und mit dem seitlich aufgesetzten linken Fuß (Fußspitze zeigt nach rechts) in Höhe des Balls die Seitstellung erreicht.

Auch hier gilt es, so früh wie möglich mit der Schlägerfläche Kontakt zum Ball aufzunehmen und mit Erreichen der Seitstellung die Schlenzbewegung auszuführen.

4. Schlenzen des rollenden Balls

Der Spieler legt sich den Ball einige Meter vor, läuft nach, bringt sich in Seitstellung und schlenzt.

5. Schlenzen aus der Ballführung

Der Spieler beginnt aus dem Seitführen, später aus dem Vh-Rh-Dribbling, umzusetzen in Seitstellung und zu schlenzen.

6. Schlenzen aus der Ballführung mit rechtem Fuß vorn

Nicht immer hat der Spieler Zeit, sich aus der Lauf- in die Seitstellung zu bringen. Er muß in der Lage sein zu schlenzen, wenn der rechte Fuß vorn ist.

Bei dieser Art des Schlenzens bleibt der Spieler in der Laufstellung (Fußspitzen in Schlenzrichtung).

Der letzte Schritt mit dem rechten Bein wird etwas länger gemacht; der Oberkörper wird weit nach vorn gebeugt, die Schlägerfläche unter den Ball gebracht und die Schlenzbewegung durchgeführt (siehe Fotos Seite 165).

7. Schlenzen mit der Rückhand

Ähnlich wie aus dem Vorhandschiebepaß durch eine Änderung der Stellung der Schlägerfläche zum Ball (Schiebepaß: senkrecht hinter dem Ball; Schlenzball: schräg unter dem Ball) der Schlenzball entsteht, wird aus dem Rückhandschiebepaß ein Rückhandschlenzball, indem die Schlägerfläche schräg unter dem Ball ansetzt und eine schnellkräftige Zugbewegung der rechten Hand in Schlenzrichtung erfolgt.

Hebeball

siehe auch «Feldhockey», Seite 70 f
Die meisten Torschüsse müssen aus der schnellen Ballführung erzielt werden, so daß der aus dem Stand bzw. aus dem langsamen Lauf zu spielende Hebeball nur sehr selten Anwendung finden kann. Die Bedeutung liegt insbesondere darin, den Ball über den am Boden liegenden Torwart etwa als Nachschuß hinwegzuheben.

Stechen

Der Stecher ist eine hallenspezifische Torschußart. Der Spieler startet von der gegnerischen Torauslinie dem harten, Richtung Tor laufenden Zuspiel entgegen und greift mit der rechten Hand so an das Schlägerende, daß die Schlägerfläche nach oben zeigt. In dieser Stellung wird der Schläger seitlich vom Körper mit gestrecktem rechten Arm unter den Ball ‹gestochen›, so daß der Ball ansteigt. Startet der Spieler von der anderen Seite des Tors, wird der Schläger mit dem gestreckten linken Arm unter den Ball ‹gestochen›.

Zum Erlernen der Torschußarten

Bei allen bisher genannten Torschußarten lassen sich beim Erlernen die Stufen anwenden:
- ruhender Ball ohne Anlauf (im Stand),
- ruhender Ball, ein Anlaufschritt,
- ruhender Ball, drei Anlaufschritte,
- rollender Ball,
- Schlenzen aus dem Dribbling.

Werden die Torschußarten in der Grobform beherrscht, sollte eine zunehmend erschwerende Anpassung an die Torschußsituation, insbesondere gegen einen Torwart zu schießen, erfolgen. Dabei kann der Torwart durch einen ‹Kastentorwart› ersetzt werden (siehe Foto unten).

Weitere Anpassungen können sein:
- Torschüsse aus verschiedenen Positionen (Mitte, links, rechts),
- Torschüsse mit Zielangabe (flach, hoch; kurzes und langes Eck),
- Torschüsse aus verschiedenen Positionen mit einem nachsetzenden Spieler,
- Torschuß nach Zuspiel von rechts,
- Torschuß nach Zuspiel von links,
- Torschuß nach Umspielen eines Abwehrspielers.

Wichtig: Wird der Torschuß spielgemäß trainiert, lautet die wichtigste Forderung an die Spieler: dem Schiebe- oder Schlenzball nachsetzen, um eventuell im Nachschuß ein Tor zu erzielen.

Übungsformen

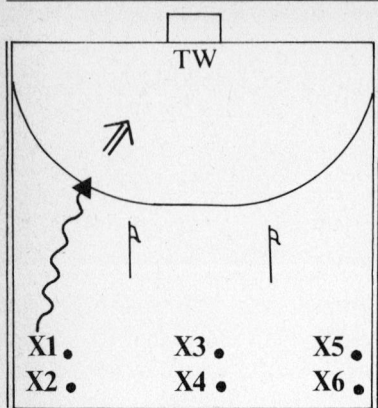

1. Aus verschiedenen Positionen mit geradem Anlauf
Ball- und Laufweg:
X1 dribbelt, schießt und schließt an hinter X6; X3 dribbelt, schießt, schließt an hinter X2; X5 dribbelt, schießt und schließt an hinter X4 usw.

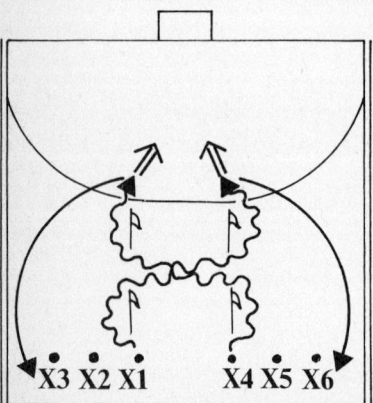

2. Aus verschiedenen Positionen mit schrägem Anlauf
Ball- und Laufweg:
X1 dribbelt, schießt und schließt an hinter X6; X4 dribbelt, schießt und schließt an hinter X3 usw.

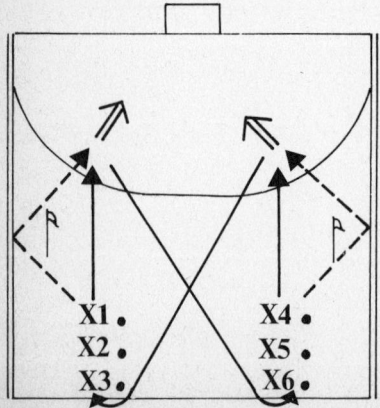

3. Torschuß nach Paß mit rechter und linker Bande
Ball- und Laufweg:
X1 schießt und schließt an hinter X6; X4 schießt und schließt an hinter X3 usw.

Übungsformen Torschußarten

4. Torschuß mit Zuspiel von rechts und links (Ballannahme im Stand)
Ball- und Laufweg:
X4 paßt auf X1, der nimmt an, schießt und schließt an hinter X6; X2 paßt auf X4, der nimmt an, schießt und schließt an hinter X3 usw.

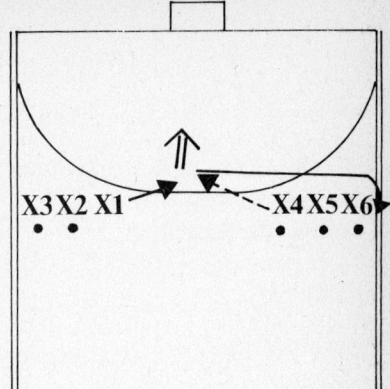

5. Torschuß mit Zuspiel von rechts und links (Ballannahme im Lauf)
Ball- und Laufweg:
X2 paßt zu X1, X1 paßt zu X2, der schießt und nimmt die Position von X1 ein, X1 schließt an hinter X4; X5 paßt zu X2, X2 paßt zu X5, der schießt und nimmt die Position von X2 ein, X2 schließt an hinter X7 usw.

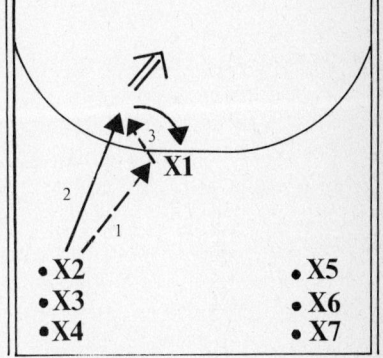

6. Torschuß nach Umspielen
siehe «Umspielen», Seite 156f.

7. Stecher von rechts und links (siehe Abbildung)
Ball- und Laufweg:
Z1 paßt zu X1, der sticht und schließt an hinter X6; Z2 paßt zu X4, der sticht und schließt an hinter X3 usw.

8. Weitere Übungsformen siehe «Torwarttraining», Seite 170 ff.

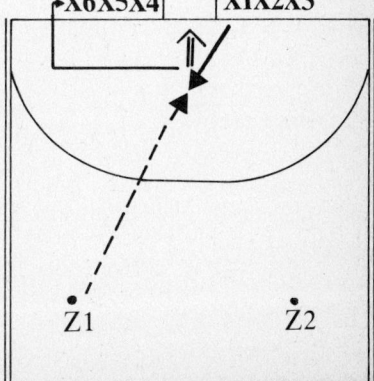

Torwarttraining

Der Anteil des Torwarts am Erfolg einer Mannschaft ist im Hallenhockey wesentlich größer als im Feldhockey. Da der Torwart den Ball mit dem gesamten Körper stoppen und mit dem Fuß spielen darf, ist eine wichtige Voraussetzung für erfolgreiches Torwartspiel die Ausrüstung. Sie umfaßt:

Helm, Brustschutz, Ellbogenschutz, Handschuhe, Tiefschutz, Schienen und Füßlinge (Kicker), gepolsterte Hose, leichter Schläger.

Die Ausrüstung bietet einerseits den notwendigen Schutz; andererseits wird dadurch eine Behinderung verursacht, die nur durch ein überdurchschnittliches Niveau an körperlichen Eigenschaften wie Reaktionsschnelligkeit, Beweglichkeit und Gewandtheit, Schnellkraft der Bein- und Schultergürtelmuskulatur ausgeglichen werden kann.

Die Technik des Torwarts umfaßt:
- das Kicken,
- die Abwehr mit den Schienen,
- die Abwehr mit dem Schläger,
- die Abwehr mit der Hand.

Die Taktik wird bestimmt durch das
- Stellungsspiel,
- das Verhalten beim Herauslaufen

(insbesondere bei Strafecken, bei Einzel- und Überzahlangriffen).

Mehr als bei den übrigen Spielern bilden die technischen Fertigkeiten und taktischen Fähigkeiten eine Einheit, so daß im folgenden beide Aspekte gemeinsam erläutert werden.

Stellungsspiel

Das Stellungsspiel des Torhüters ist die Grundlage für den erfolgreichen Einsatz der Schienen, des Schlägers oder der Hand bei der Abwehr des Balls.

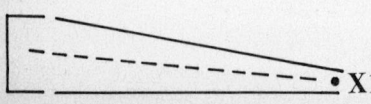

Ziel des Torwarts ist eine optimale Schußwinkelverkleinerung. Um den Schußwinkel des Angreifers, gebildet aus der jeweiligen Schußposition und den beiden Pfosten, zu verkleinern, dient die jeweilige Winkelhalbierende als Hilfslinie.

Bestimmt durch die übrigen Situationsbedingungen (Stellung anderer Angreifer und der Mitspieler) nimmt der Torwart in Erwartung eines Torschusses die Bereitschaftsstellung ein. Diese zeichnet sich aus durch:
- mittelweite Fußstellung,
- Gewicht auf den Fußballen,
- Knie-, Hüft- und Ellbogengelenke etwas gebeugt,
- Schläger nur mit rechter Hand gefaßt; die Schlägerfläche zeigt nach vorn,
- Handinnenfläche des geöffneten linken Handschuhs zeigt nach vorn.

Kicken

Das Kicken mit der Fußspitze beschleunigt den Ball sehr stark und dient in den meisten Fällen der unmittelbaren Klärung von torgefährlichen Situationen (Torwart und Angreifer haben die gleichen Chancen beim Erreichen eines Balls). Das Kicken mit der Innenseite (Fotos oben) ist eine Zuspielart über kurze Entfernung und sollte immer nur dann angewendet werden, wenn keine unmittelbare Gefahr droht. Bei beiden Techniken ist der Körper über dem Standbein, und der Ball wird neben dem Standfuß vom locker gestreckten Spielbein getroffen. Für das von der Regel geforderte flache Kicken ist wichtig, daß Kickfuß und Körper in Kickrichtung nachschwingen.

Abwehr mit den Schienen

Bei flachen bis kniehohen Bällen gebraucht der Torwart die Schienen. Aus der Bereitschaftsstellung wird das Bein etwas ausgedreht und schnellkräftig in die Ecke gestreckt (Fotos Seite 173 oben und Mitte).

Abwehr mit dem Schläger

Der Schläger, von der rechten Hand in der Schlägermitte gefaßt, wird zur Abwehr in die Richtung des ankommenden Balls gebracht. Beim Abprallen des Balls vom Schläger darf der Ball nicht in Richtung des Spielfeldes zurückgeschlagen werden; auch darf der Schläger nicht über Schulterhöhe gehoben werden (Fotos Seite 173 unten).

Abwehrtechniken des Torwarts

Abwehr mit den Schienen
Nach links: linker Arm oberhalb der Schiene

Abwehr mit den Schienen
Nach rechts: rechter Arm oberhalb der Schiene

Abwehr mit dem Schläger

Abwehr mit der Hand

Alle überschulterhohen Bälle auf der Schlägerseite sowie alle überkniehohen Bälle auf der Handschuhseite werden vornehmlich mit dem linken Handschuh abgewehrt.
Abwehren heißt, den Handschuh in die Richtung des ankommenden Balls zu bringen und den Ball abprallen zu lassen. Das Schlagen und Festhalten des Balls mit dem Handschuh ist nicht erlaubt.
Nach allen Abwehraktionen mit den Schienen, dem Schläger und dem Handschuh sind sofortige weitere Aktionen (Kicken, Schieben) notwendig, um den Ball endgültig aus der Gefahrenzone (Schußkreis) zu bringen.

Übungsformen
Zur Aufwärmung und zur Verbesserung der körperlichen Eigenschaften
- Einlaufen ohne und mit Schienen
- Vorhoch- und Seithochschwingen der Beine
- Armkreisen
- Ausfallschritte nach vorn und zur Seite
- Hürdensitz rechts, Aufstehen ohne Gebrauch der Hände
- Hürdensitz links
- im Liegestütz im Wechsel mit gestreckten Beinen, rechter Fuß zur rechten Hand, linker Fuß zur linken Hand
- aus dem Stand (Hock-, Kniestand) in den Hürdensitz springen
- Abwehren von leicht auf die Füße gespielten Bällen

Schwerpunktmäßiges Training
Übungen zur Schnelligkeit mit Schienen
- Herauslaufen von der Torlinie und Fallenlassen wie bei der Eckenabwehr
- Herauslaufen von der Torlinie, Stoppen nach 5 Meter in Bereitschaftsstellung, Rückwärtslaufen bis zur Torlinie, Sprint bis zur Schußkreislinie, Stoppen in Bereitschaftsstellung

Reaktionsübungen
- Der Torwart steht mit Gesicht zum Tor. Auf Pfiff muß der Torwart sich umdrehen und den vom Kreisrand geschossenen Ball abwehren.

- Der Torwart steht mit dem Gesicht zur Wand oder Bande. Ein Spieler wirft oder spielt Hockey- oder Tennisbälle gegen die Wand bzw. die Bande. Der Torwart wehrt die zurückprallenden Bälle ab.
- Der Torwart wehrt aus dem Hock- oder Kniestand (Foto Mitte) oder der Bauchlage (Foto unten) zugeworfene Bälle ab. Der Werfer variiert direkte Würfe und Aufsetzer.

Kombinierte Übungsformen
1. Torschüsse in Serie
8 bis 10 Spieler stehen nebeneinander am Schußkreisrand
a) Einfache Serie von Schüssen von rechts nach links
b) Wechselserie rechts – links, rechts – links
c) Die Spieler stehen zwei Schritte vom Ball entfernt. Nach Zuruf durch den Trainer wird geschossen. In dieser Zeit muß der Torwart die richtige Stellung einnehmen.
d) Ein einzelner Spieler schießt in schneller Folge 8 bis 10 Bälle auf das Tor.
2. Torschüsse aus verschiedenen Positionen
siehe «Zum Erlernen der Torschußarten», Seite 167 ff.

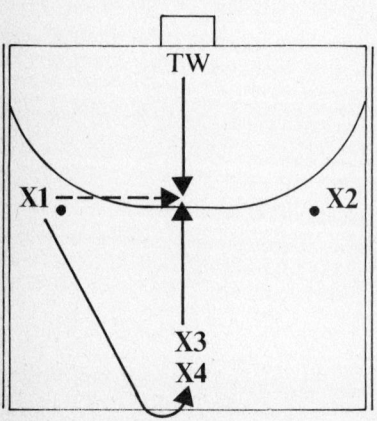

3. Kicken
Ball- und Laufweg:
X1 paßt an den Kreisrand, X3 versucht zu schießen bzw. zu umspielen; Torwart versucht zu kicken, X1 schließt an hinter X4, X3 nimmt Position von X1 ein, X2 paßt an den Kreisrand; X4 versucht zu schießen usw.

Die Taktik des Torwarts bei der Abwehr von Einzel- und Überzahlangriffen
(siehe Seite 194 f und 198 ff)
Die Taktik des Torwarts bei der Eckenabwehr
(siehe «Abwehr der Strafecke» Seite 203 ff)

Spieltaktisches Training

Während das Techniktraining die Beherrschung von Spielfertigkeiten zum Ziel hat, ist das Ziel des Taktiktrainings die situationsgerechte Anwendung dieser Spielfertigkeiten. Taktik bedeutet so stets Auseinandersetzung mit bzw. Verhalten zum Gegner. Taktisches Verhalten kann auf das Erzielen und das Verhindern von Toren gerichtet sein, so daß sich Angriffs- und Abwehrtaktik unterscheiden lassen. Je nach der Beschreibung des taktischen Verhaltens eines einzelnen Spielers, von mehreren Spielern (Gruppen) oder von der gesamten Mannschaft unterscheidet man:
  individuelle Taktik,
  Gruppentaktik und
  Mannschaftstaktik.

Formationen

3-2-Formation

Insbesondere in den Anfangsjahren des Hallenhockeys wurde diese Formation gespielt. Mit drei Angreifern wurden die Angriffe auf Zuspiel der zwei Standverteidiger in den meisten Fällen an der Mittellinie in Linienformation begonnen. Durch Einzelaktionen des Rechtsaußen bzw. durch Kurzpaßkombinationen zwischen dem Mittelmann und dem Rechtsaußen wurde in den Schußkreis gegen die vornehmlich raumdeckenden Abwehrspieler des Gegners eingedrungen. Mit einem Zuspiel zum in mittlerer bzw. halblinker Position wartenden Linksaußen und dessen anschließendem Torschuß wurde der Angriff abgeschlossen.

2-1-2-Formation

Der Übergang von der Raum- zur Manndeckung und die damit verbundene Weiterentwicklung der Abwehrtechniken wie das tiefe Rückhandstoppen machten eine Formation notwendig, in der die Offensiv- und Defensivaufgaben gleichmäßiger verteilt sind. Diese Forderung ist in der heutigen Grundformation des Hallenhockeys in der 2-1-2-Formation erfüllt. Der Mittelmann, vergleichbar dem Center im Basketballspiel, soll den gegnerischen Mittelmann ausschalten und das eigene Angriffsspiel gestalten. Er ist der Spielmacher, über den nahezu alle Angriffe eingeleitet werden. Durch variantenreiches Zuspiel zum Rechts- und Linksaußen stellt er die Verbindung zwischen Abwehr und Angriff her. Durch schnelle Pässe und blitzartiges Nachrücken bzw. durch eigenes Umspielen schafft er Überzahlsituationen im Angriff und erhöht somit das Spieltempo, oder er dribbelt mit dem Ball im Mittelfeld und verzögert so das Tempo.

2-3-Formation

Die große Belastung eines Spielers in der 2-1-2-Formation mit den Aufgaben eines Spielmachers versucht die 2-3-Formation abzubauen. Die zwei Angriffsspitzen Rechts- und Linksaußen halten sich vornehmlich in der gegnerischen Spielfeldhälfte auf, wobei sich mindestens einer immer im gegnerischen Schußkreis befindet, und schaffen so den notwendigen Spielraum für die Positionsangriffe der Dreier-Abwehrkette. Durch die Zurücknahme des Centers in die Verteidigerkette wird zum einen die Abwehr verstärkt, zum anderen die Möglichkeit geschaffen, aus dieser verstärkten Abwehr heraus ein Angriffsspiel aufzubauen. Dieses wird in der eigenen Spielfeldhälfte durch drei der Offensive gleichmäßig verpflichtete Spieler, rechter und linker Verteidiger und Center, insbesondere durch Positionsangriffe gestaltet und mündet in der gegnerischen Hälfte in Überzahlangriffe, die zwischen dem jeweiligen ballvortragenden Spieler der Abwehrkette und den Angriffsspitzen nach festliegenden Prinzipien ablaufen und mit dem Torschuß enden. Die taktischen Möglichkeiten, den Torwart in die Positionsangriffe einzubeziehen und ihn mehr als bisher an der Abwehr der Überzahlangriffe zu beteiligen, sind Aspekte, die in dieser Formation noch entwickelt werden müssen.

Individuelle Taktik des Angriffs

Die individuelle Taktik des Angriffs wird bestimmt durch die individuelle Technik des Angriffs wie die Anwendung von Stock- und Körpertäuschungen beim Zuspiel, Torschuß und Umspielen. Ein Schwerpunkt ist das Freilaufen der Angriffsspieler außerhalb der Reichweite der Abwehrspieler, um ein Sperren bzw. eine Störung bei der Ballannahme zu verhindern und damit die Voraussetzung für anschließende Aktionen wie ein Umspielen oder einen Torschuß zu schaffen.

Übungsformen

Ballannahme und Umspielen an der Bande

1. X2 täuscht einen Angriff Richtung Tor an, läuft X1 entgegen, Paß von X1 zu X2, X2 nimmt den Ball mit der Vorhand an und mit, dringt in den Schußkreis ein und schießt.

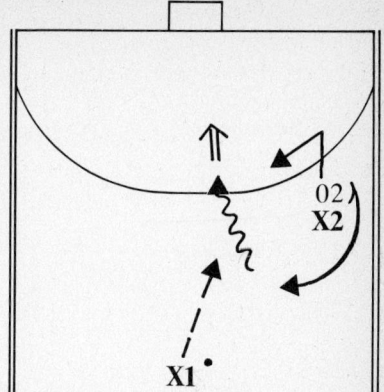

2. X2 täuscht Richtung Tor und läuft X1 entgegen, Paß von X1 zu X2 (Abbildung Mitte).
X2 stoppt den Ball mit der Vorhand, zieht den Ball mit der Rückhand an die Bande, läuft nach (entweder 4a oder 4b), dringt in den Schußkreis ein und schießt (Abbildung unten).

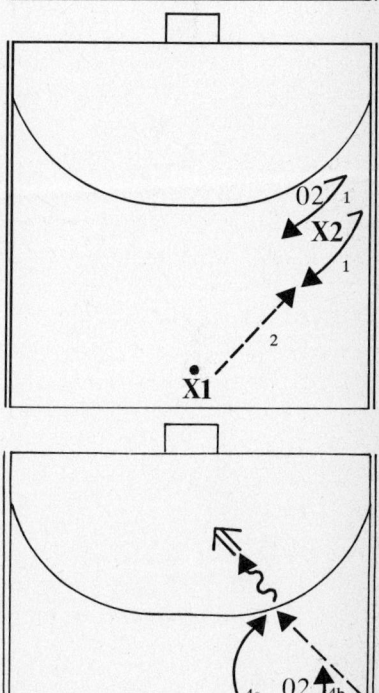

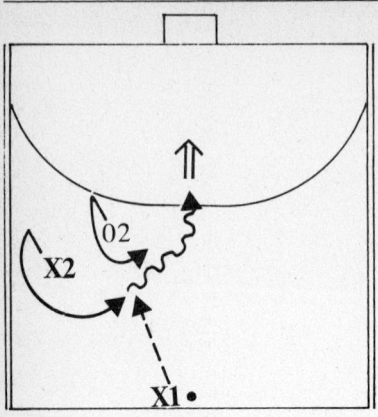

3. X2 täuscht Richtung Tor und läuft X1 entgegen, Paß von X1 zu X2, X2 nimmt den Ball mit der Rückhand an und mit, dringt in den Schußkreis ein und schießt.
Wichtig: seitliche Ballannahme, das heißt nur den Schläger im Moment der Ballannahme in der Linie Ball–Abwehrspieler, um ein Sperren zu vermeiden.

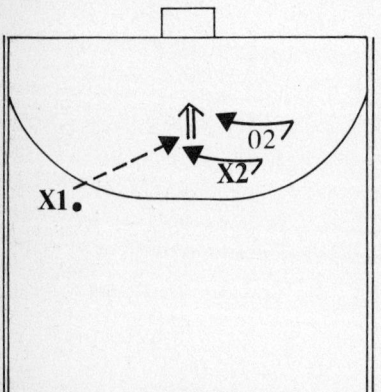

Ballannahme und Torschuß
4. X2 täuscht Richtung Tor und läuft X1 entgegen, Paß von X1 auf die Vorhand von X2, X2 schießt sofort auf das Tor.

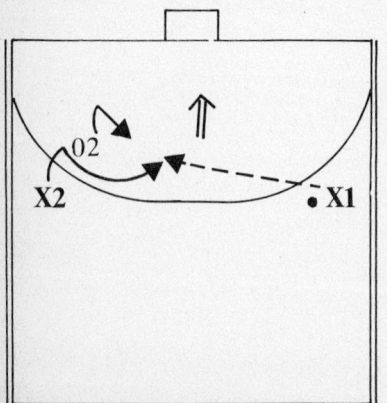

5. X2 täuscht Richtung Tor und läuft X1 entgegen, Paß von X1 auf die Rückhand von X2, X2 schießt direkt auf das Tor.

Gruppentaktik des Angriffs

Die Gruppentaktik des Angriffs umfaßt das Freilaufen sowie die Kombinationen zu zweit und zu dritt (siehe «Feldhockey», Seite 89 ff und 95 ff).
Durch den wesentlich kleineren Spielraum gegenüber dem Feldhockey gewinnt der Doppelpaß im Hallenhockey große Bedeutung. Deshalb sollte der Ball im Doppelpaß immer außerhalb der Reichweite der Abwehrspieler, wenn nötig mit Hilfe der Bande, gespielt werden.

Übungsformen
● Kurzer Doppelpaß
1. X1 paßt zum entgegenlaufenden X2 und läuft mit schnellem Antritt an 01 vorbei. X2 paßt an den Schußkreisrand zu X1, X1 schießt direkt.

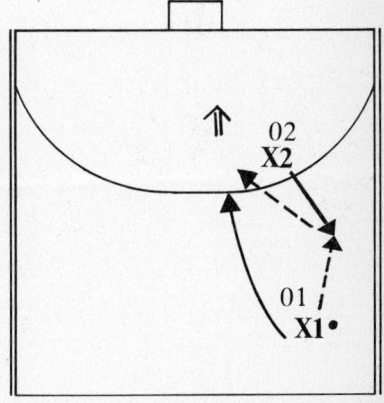

2. X1 täuscht, paßt zum entgegenlaufenden X2 und läuft mit schnellem Antritt an 01 vorbei. X2 paßt an den Schußkreisrand zu X1, X1 schießt möglichst direkt.

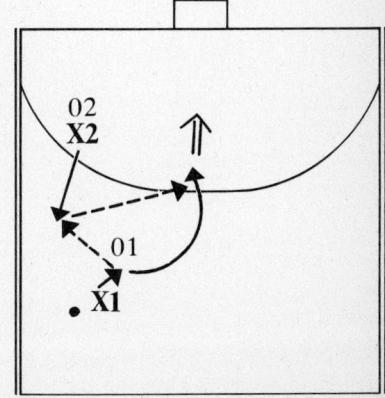

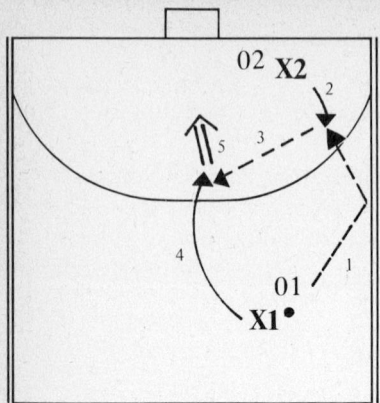

- Langer Doppelpaß
3. X1 paßt mit Hilfe der Bande zum entgegenlaufenden X2 und läuft mit schnellem Antritt an 01 vorbei. X2 paßt an den Schußkreisrand zu X1. X1 schießt direkt.

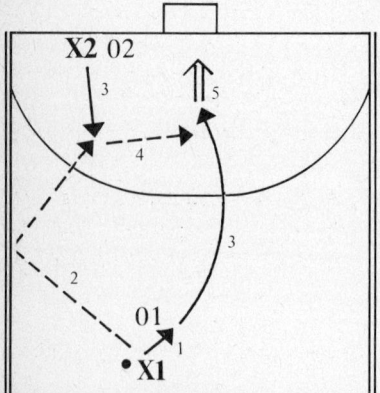

4. X1 täuscht, paßt mit Hilfe der Bande zum entgegenlaufenden X2 und läuft mit schnellem Antritt an 01 vorbei. X2 paßt an den Schußkreisrand zu X1, X1 schießt möglichst direkt.

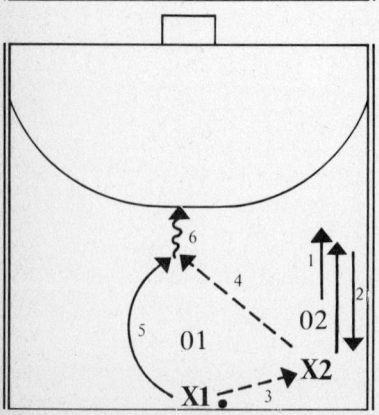

- Doppelpässe im Rückraum
5. X2 tritt an, stoppt ab und bringt so den bandennahen Abwehrspieler 02 räumlich versetzt hinter 01. X1 paßt quer zu X2, und X2 paßt schräg auf den an 01 vorbeisprintenden X1.

Mannschaftstaktik des Angriffs

Die Mannschaftstaktik wird bestimmt durch die Fähigkeit der einzelnen Spieler, ihre individuellen technischen Fertigkeiten und taktischen Fähigkeiten erfolgreich in Zusammenarbeit mit den jeweiligen Nebenspielern einzusetzen. Eine Mannschaft sollte verschiedene Mannschaftstaktiken (Offensiv- und Defensivtaktik und das Powerplay) beherrschen und in der Lage sein, sie der Spielsituation entsprechend anzuwenden.

Die Beobachtung des Gegners im Spiel und die Beobachtung der eigenen Mannschaft im Training und im Spiel sind unerläßliche Maßnahmen zur Entscheidung für die Taktik eines Spiels.

Folgende Gesichtspunkte sollten dabei berücksichtigt werden:
Welche Formation (3-2, 2-1-2, 2-3) wird vornehmlich gespielt?
Welche Spielzüge werden im Angriff bevorzugt?
Welche Deckungsart findet in der Abwehr Anwendung?
Gibt es einen bzw. mehrere herausragende Spieler?
Wo liegen die konditionellen, technischen und taktischen Stärken und Schwächen der Mannschaft?
Gibt es einen Zusammenhang zwischen Auswechselrhythmus einzelner Spieler (zum Beispiel des Spielmachers) und Spieltempo?
Wie werden die Ecken ausgeführt (Häufigkeit bestimmter Abläufe in Verbindung mit den beteiligten Spielern?)
Wie ist das Torschußverhalten des Eckenschützen?
Wie erfolgt die Eckenabwehr (Laufwege des Torwarts und der Spieler)?
Lassen sich Standardausführungen bei Abschlägen und Freischlägen feststellen?
Welche Torecke bevorzugt der 7-Meter-Schütze?

In der Mannschaftstaktik des Angriffs unterscheidet man – je nach Zusammensetzung der Mannschaft sowie der Spielsituation – folgende taktische Maßnahmen:
Defensivtaktik,
Offensivtaktik und
Powerplay.
Ferner wird unterschieden nach
Überzahlangriff und
Positionsangriff.

Defensivtaktik

Mannschaften, die eine Defensivtaktik bevorzugen, verfügen über bessere Abwehrspieler als Stürmer oder bevorzugen den Konterangriff (siehe «Überzahlangriff», Seite 185f). Von der technischen Seite her sollten die Spieler solcher Teams die Abwehrtechniken besonders gut beherrschen. Sie müssen also besonders zweikampfstark sein, die Abwehrtechnik mit der Rückhand sehr gut beherrschen und über gute konditionelle Fähigkeiten verfügen, damit sie eine solide Manndeckung, besonders in der eigenen Spielhälfte, aufziehen können. Natürlich müssen auch die Stürmerqualitäten geschult werden; aber Teams mit einer Defensivtaktik legen mehr Wert auf Abwehr als auf Angriff und wollen mit wenigen Torerfolgen ein Spiel entscheiden.

Neben dem guten Konterangriff zeichnet diese Mannschaften auch ein Gespür für das richtige Timing im Spiel aus. Sie wissen genau, wann ein Spiel schnell oder langsam gemacht werden muß (siehe «Timing im Spiel», Seite 209f), um Torerfolge zu erzielen oder um das Spieltempo zu verschleppen, damit der Gegner aus dem Rhythmus gebracht wird und seine Versuche, Tore zu erzielen, erschwert werden.

Offensivtaktik

Besitzt eine Mannschaft gute und torgefährliche Stürmer neben Verteidigern, die sich ebenfalls in ein Sturmspiel einzuschalten verstehen, so kann man eine Offensivtaktik mit diesem Team spielen. Hier wird jede sich bietende Möglichkeit zum Angriff ausgenutzt. Selbstverständlich wird eine solche Mannschaft versuchen, dem Gegner ihr Spielsystem aufzudrängen, da sie über die torgefährlicheren Stürmer verfügt und dadurch auch mehr Tore zu erzielen vermag als dieser.

Die Offensivtaktik vernachlässigt etwas die Abwehr, da man sich auf den Standpunkt stellt, mehr Tore durch die starken Stürmer zu erzielen, als die eigenen Abwehrspieler zulassen. Da die Spieler jede sich bietende Möglichkeit zum Angriff nutzen sollen, müssen sie über eine gute Technik und sehr gute Kondition verfügen. Mannschaften mit Offensivtaktik werden immer versuchen, ein Spiel so schnell wie möglich zu machen.

Weiterhin müssen alle Spieler über einen gewissen Torinstinkt und beim Torschuß über gute technische Fertigkeiten verfügen. Offensivmannschaften werden niemals eine abwartende Haltung in einem Spiel einnehmen, sondern von der ersten Minute des Spiels an über den Gegner «herfallen», um das Spielgeschehen an sich zu reißen.

Powerplay

Unter Powerplay versteht man eine Spielweise, bei der eine Mannschaft den Gegner ständig unter Druck setzt und ihn in dessen Spielhälfte hält. Powerplay setzt voraus, daß man sehr gute Stürmer in der Mannschaft hat, die die gegnerischen Abwehrspieler sehr stark beschäftigen können, und Abwehrspieler, die die gegnerischen Stürmer so beherrschen, daß sie diese nicht nur ausschalten, sondern zusätzlich den eigenen Sturm bei der Offensivarbeit unterstützen können. Beim Powerplay versucht eine Mannschaft, durch großen Offensivgeist den Gegner in dessen eigener Hälfte so zu halten, daß er den Schußkreis der eigenen Mannschaft nicht erreichen und somit auch nicht torgefährlich werden kann.

Bei dieser Taktik benötigt ein Team gute Angriffsspieler und ebensogute Abwehrspieler. Die Mannschaft muß gleichmäßig stark besetzt sein und über gute konditionelle Fähigkeiten verfügen, da ein Powerplay größte Anforderungen an die Kondition stellt.

Powerplay spielt die Mannschaft, die dem Gegner in technischer und konditioneller Hinsicht überlegen ist und durch diese Spielweise den Gegner nicht zur Entfaltung seines eigenen Systems kommen lassen will.

Überzahlangriff

Überzahlangriffe lassen sich insbesondere gegen Mannschaften erspielen, die ihre Abwehrarbeit zugunsten eines verstärkten Angriffs vernachlässigen. Das Erreichen der Überzahl geschieht meist in der eigenen Spielfeldhälfte durch erfolgreiches Anwenden von Abwehrtaktiken (Manndeckung, Raum-Mann-Deckung, Raumdeckung) bzw. durch das Ausnutzen von Fehlern (Fehlpässe, gescheiterte Zweikämpfe) des Gegners, indem blitzartig alle Spieler auf Angriff umschalten und so dem Gegner keine Möglichkeit lassen, die zahlenmäßige Überlegenheit der angreifenden Mannschaft auszugleichen.

Folgende Grundsätze sind dabei von entscheidender Bedeutung:
1. Spiele einen Konter so schnell wie möglich.
2. Die Pässe müssen mit hoher Geschwindigkeit gespielt werden.
3. Der Paß nach vorn ist dem Dribbling vorzuziehen, da der Paß mit hoher Geschwindigkeit schneller als das Dribbling ist.
4. Die ganze Breite des Spielfelds muß ausgenutzt werden, um dem Gegner das Abfangen des Balls zu erschweren.
5. Frühzeitiges, hartes und genaues Passen gibt dem Gegner keine Möglichkeit zur Vervollständigung seiner Abwehr.
6. Bei Überzahlangriffen mit mehr als zwei Spielern muß sich der Ball in der Mitte des Spielfelds befinden, da in dieser Position alle Abspielmöglichkeiten nach rechts, links und vorn bestehen.

Entsprechend der Zahlenverhältnisse unterscheidet man folgende Angriffe:
  1 : Torwart
  2 : 1 und Torwart
  3 : 1 und Torwart
  3 : 2 und Torwart
  4 : 2 und Torwart

1 : Torwart
Verläßt ein Torwart sein Tor nur zögernd, so ist ein Torschuß vom Schußkreisrand notwendig.
Geht der Torwart dem Angreifer entschlossen entgegen, so ist ein weiträumiges Umspielen nötig, das auf der Handschuhseite des Torwarts mehr Erfolg verspricht, da die Abwehrmöglichkeiten auf dieser Seite sehr gering gegenüber der großen Reichweite auf der Schlägerseite sind.

Übungsformen
● Eindringen in den Schußkreis und Torschuß
1. X1 startet 4 Meter vor dem Kreis in der Spielfeldmitte, dringt mit schnellem Antritt in den Schußkreis ein und schießt, wenn der Torwart im Tor bleibt, bzw. umspielt, wenn der Torwart herausläuft.
Variationen: X1 startet von der Mittellinie, aus der rechten und linken Angriffsposition.

- Abfangen eines Passes und Torschuß
2. X1 versucht, die fortlaufend gespielten Pässe zwischen X2 und X3 abzufangen, dringt in den Schußkreis ein und schießt.

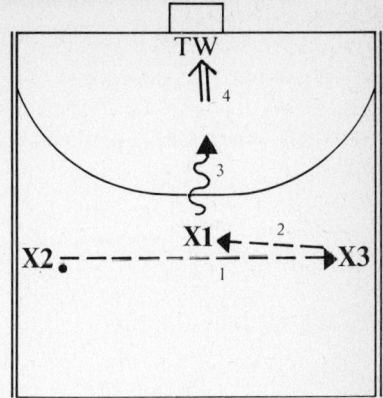

3. Der Torwart kickt Bälle in Höhe des Schußkreisrands an die Bande. Der vom Mittelpunkt gestartete X1 nimmt den Ball an und mit, dringt in den Schußkreis ein und schießt bzw. umspielt (Abbildung Mitte).

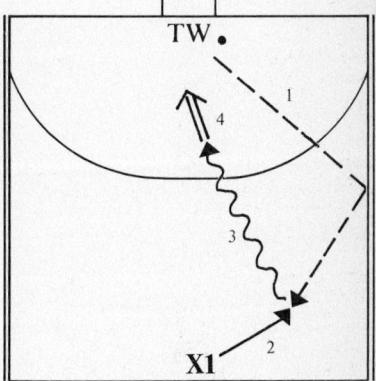

2:1 und Torwart
Bei diesem Angriff sind schnelle, harte und frühzeitige Pässe erforderlich, um dem Abwehrspieler keine Möglichkeit des Eingreifens zu geben. Der abschließende Torschuß sollte, wenn möglich, vom linken Angreifer ausgeführt werden, da von dieser Position der Torschuß leichter als von rechts ist.

Übungsform
X2 dribbelt, wartet, bis 01 zu stören beginnt, paßt zum mitlaufenden X1, der mit dem Torschuß abschließt.

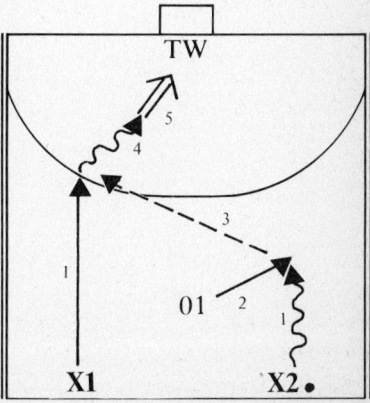

3:1 und Torwart

Der mittlere Angreifer sollte im Ballbesitz sein, da er die Abspielmöglichkeiten nach rechts und links hat. Die Außenstürmer müssen sich in der Nähe der Bande aufhalten, damit die gesamte Breite des Spielfelds ausgenutzt wird. Dieses Überzahlverhältnis sollte zum Torerfolg führen.

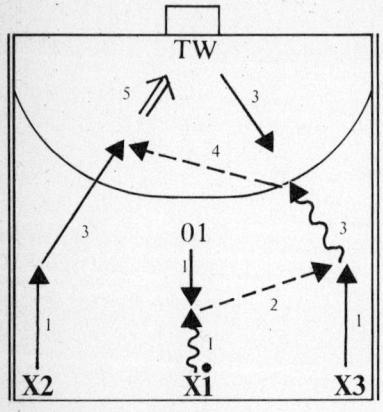

Übungsform
X1 dribbelt auf 01 zu, paßt zum mitlaufenden X3, X3 dribbelt und paßt vor dem herauslaufenden Torwart zum mitlaufenden X2, X2 schießt.
Variation: wie oben, nur beginnt X1 das Dribbling und paßt zu X2, X2 dribbelt usw.

3:2 und Torwart

Beim 3:2 ist der Ball wiederum in der Mitte. Die Angreifer versuchen, aus der Linienformation zu einer Dreiecksaufstellung zu gelangen, um den Raum zu vergrößern und somit den Abwehrspielern das Abfangen des Balls zu erschweren.

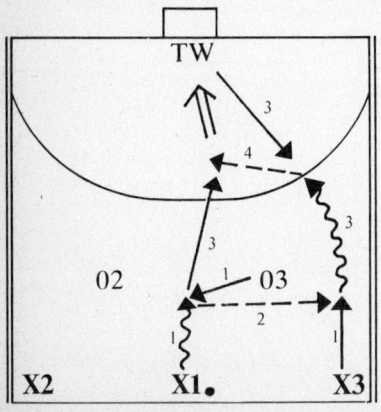

Übungsformen
1. X1 dribbelt in den Raum zwischen 03 und 02 und paßt bei Störung von 02 zu X2 und bei Störung von 03 zu X3. Danach erfolgt der Angriffsablauf nach den Prinzipien des Angriffs 2:1.

2. X3 startet mit schnellem Antritt an 03 vorbei in die vordere rechte Ecke. X1 paßt mit Hilfe der Bande zu X3. X3 paßt entweder zum mitlaufenden X1 oder X2.

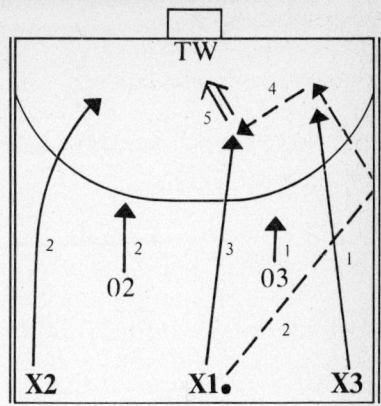

4:2 und Torwart
Beim Angriff 4:2 werden die rechte und linke Ecke der gegnerischen Torauslinie besetzt, um den gesamten Schußkreis zu Kombinationsmöglichkeiten zur Verfügung zu haben.

Übungsform
X2 und X3 starten mit schnellem Antritt an 02 und 03 vorbei in die Spielfeldecken. Folgt einer der Abwehrspieler 02 oder 03 seinem Gegenspieler, so haben X1 und X4 die Möglichkeit, einen 2:1- bzw. 3:1-Angriff abzuschließen. Folgt keiner der Abwehrspieler 02 und 03 seinen Gegenspielern, paßt X1 zu X3, der seinerseits abhängig von der Stellung der Abwehrspieler und des Torwarts zu X1, X4 oder X2 paßt, und zwar zu demjenigen, der sich in der günstigsten Torschußposition befindet.

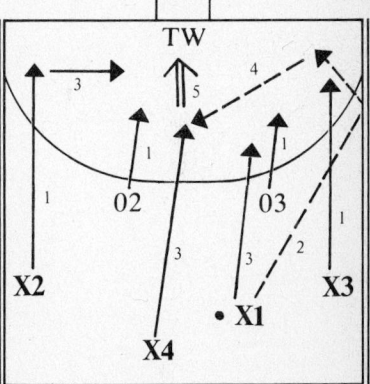

Positionsangriff

Wenn trotz eines schnellen Umschaltens von Abwehr auf Angriff ein Überzahlangriff nicht erfolgversprechend erscheint bzw. bei Wiederaufnahme des Spiels mit Abschlägen und Freischlägen, bietet sich ein Positionsangriff an.

Prinzipiell wird beim Positionsangriff durch im Ablauf festgelegte Kombinationen, insbesondere in der eigenen Spielfeldhälfte, der Ball so lange in den eigenen Reihen gehalten, bis sich eine risikolose Paßmöglichkeit (außerhalb der Reichweite der gegnerischen Stürmer) zu den eigenen Angriffsspitzen bietet.

Während der Ball in der eigenen Spielfeldhälfte gepaßt wird, versuchen die Angriffsspitzen sich durch Freilaufaktionen im gegnerischen Schußkreis bzw. in Schußkreisnähe günstige Anspielsituationen zu schaffen. Nach erfolgtem Paß aus der Abwehrreihe auf die Angriffsspitzen kann durch schnelles Nachsetzen eines Abwehrspielers das Ziel des Positionsangriffs – die Einleitung eines Überzahlangriffs – erreicht werden.

Ausgehend von der Formation 2-1-2 lassen sich beim Abschlag folgende Möglichkeiten unterscheiden:

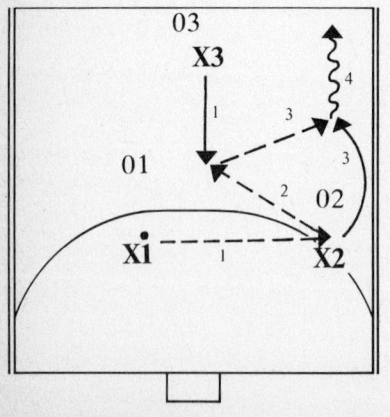

1. X1 paßt zu X2. Gleichzeitig startet X3 in Richtung eigenes Tor. Mit Doppelpaß von X2 zu X3, X3 zu X2 wird die Überzahl erreicht.

Positionsangriff aus Formation 2-3

2. X3 startet auf die X2 entfernte Seite und öffnet so den Raum hinter 02. X1 paßt zu X2. X2 spielt einen Doppelpaß mit der rechten Bande und erreicht Überzahl.

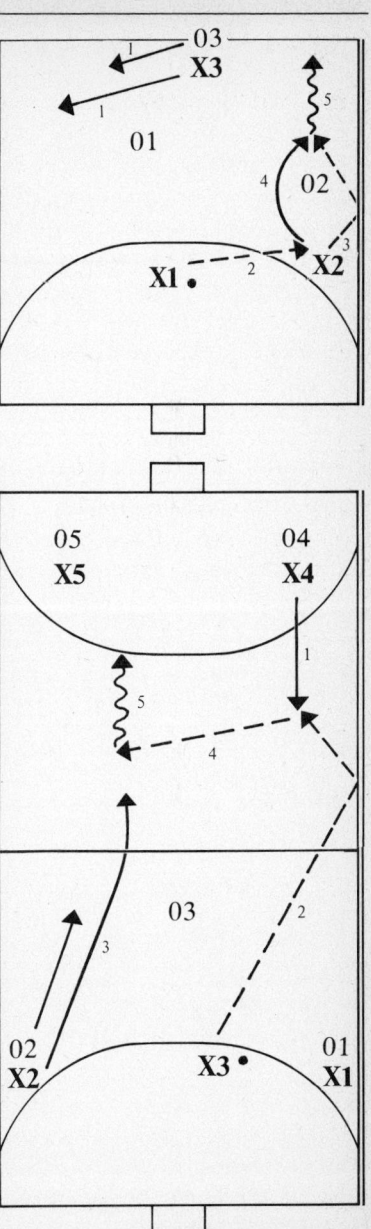

In der Formation 2-3 ergeben sich ausgehend von einer Grundaufstellung folgende Möglichkeiten:

Grundaufstellung: Der rechte Verteidiger X1 und der linke Verteidiger X2 stehen in Höhe des abschlagausführenden Centers X3 an der Bande. Der Rechtsaußen X4 bindet seinen Gegenspieler 04 im Schußkreis, und der Linksaußen X5 bindet seinen Gegenspieler 05 an der linken Bande in Schußkreisnähe.

1. Die gegnerischen Stürmer 01 und 02 decken Mann. Langer Paß mit Hilfe der Bande zu X4 oder X5 und gleichzeitigem Nachsetzen von X1, X2 oder X3.

Bei allen weiteren Möglichkeiten müssen der Rechts- und Linksaußen ihre Gegenspieler im Schußkreis binden, um das Mittelfeld für die Positionsangriffe freizumachen. Die gegnerischen Außenstürmer decken den Raum, das heißt, die Ballwege mit Hilfe der rechten und linken Bande entfallen.

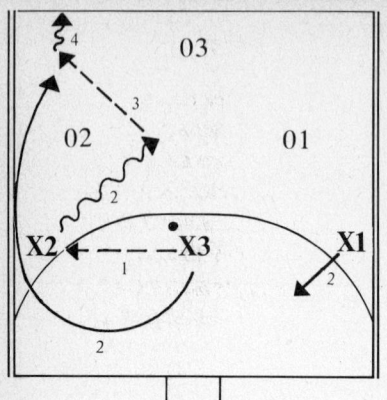

2. X3 paßt zu X2 und wechselt hinter dem Rücken von X2 die Position. X2 dribbelt in die Centerposition und paßt außerhalb der Reichweite von 02 zum vorlaufenden X3. X1 sichert diese Aktionen.

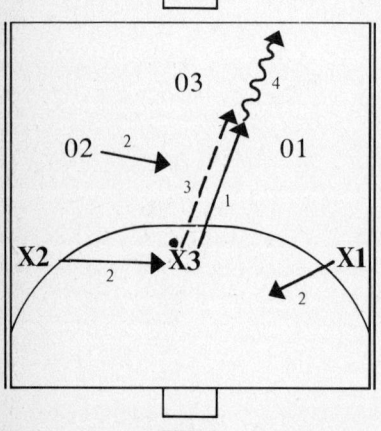

3. X3 löst sich mit schnellem Antritt einige Meter vom Ball und erhält den Paß vom zum Ball gelaufenen X2, so daß mit der Ballannahme 03 sofort überlaufen wird. X1 sichert.

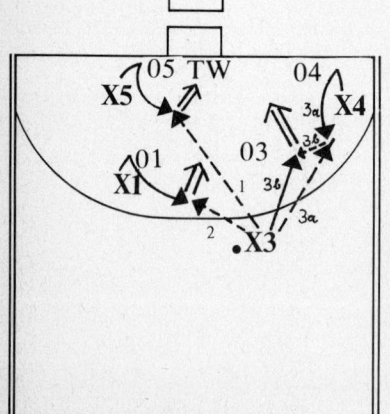

Positionsangriffe aus Freischlägen in der Nähe des Schußkreises
Rechts am Kreis
1. X5 täuscht zum Tor ein Hinterlaufen des Abwehrspielers 05 an und läuft X3 entgegen. In diesem Moment spielt X3 einen harten Paß zu X5, der mit einem Stecher abschließt.
Wichtig: X5 darf nicht in die Torschußrichtung von X1 laufen.

2. Ist ein Paß zu X5 nicht möglich, täuscht X1 ein Hinterlaufen des Abwehrspielers 01 an und startet X3 entgegen. X3 paßt zu X1, der möglichst direkt an der Rückhandseite von 01 vorbei auf das Tor schießt.

3. Sind die vorhergehenden Aktionen, zum Beispiel durch die Stellung von 03 bedingt, nicht möglich, täuscht X4 ein Hinterlaufen von 04 an und startet X3 entgegen. X3 paßt zum entgegenlaufenden X4, X4 paßt direkt zurück zum entgegenlaufenden X3, der mit einem Torschuß abschließt.

Variation: Liegt der Ausführungspunkt nicht weiter als 3 Meter von der rechten Bande entfernt, kann der Paß von X3 zu X4 auch mit Hilfe der Bande gespielt werden.

Positionsangriffe aus Freischlägen in der Nähe des Schußkreises
Links am Kreis

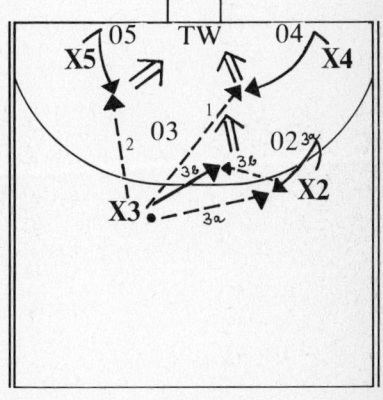

1. X4 täuscht ein Hinterlaufen von 04 an und startet X3 entgegen. X3 spielt einen harten Paß auf X4, der mit einem Stecher abschließt.

2. X5 täuscht ein Hinterlaufen von 05 an und startet X3 entgegen. X3 paßt zu X5, der möglichst direkt schießt.

Variation: Liegt der Aufführungspunkt nicht weiter als 3 Meter von der linken Bande entfernt, kann der Paß von X3 zu X5 auch mit der Bande gespielt werden.

3. X2 täuscht ein Hinterlaufen von 02 an und startet X3 entgegen. Doppelpaß zwischen X3 und X2. Der in den Schußkreis gelaufene X3 schließt mit einem Torschuß ab.

Individuelle Taktik der Abwehr

Die individuelle Taktik der Abwehr wird von folgenden Grundsätzen bestimmt:
1. Der Abwehrspieler steht immer näher zum eigenen Tor als der jeweilige Gegenspieler, so daß er den Ballbesitzenden und seinen direkten Gegenspieler im Blickfeld hat.
2. Der Abstand zum Gegenspieler ist im Mittelfeld größer als in Schußkreisnähe und im Schußkreis so eng, daß bei der Ballannahme sofort gestört werden kann.
3. Der ballführende Spieler wird durch begleitende Abwehr in torschußungünstige Außenpositionen abgedrängt.

Gruppentaktik der Abwehr

Höchstes Ziel der Gruppentaktik der Abwehr ist die Zusammenarbeit in der Zweiergruppe bei der Anwendung der wichtigsten gruppentaktischen Maßnahmen – das Stören und Sichern –, um Überzahlangriffe des Gegners zu vermeiden.

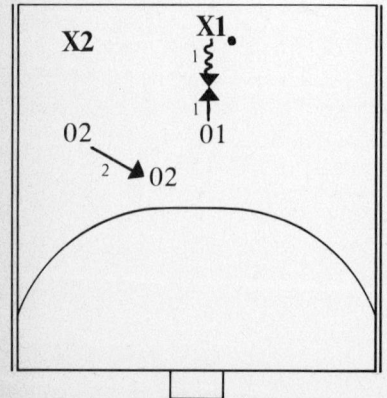

Stören und Sichern in der Zweiergruppe

Da der ballbesitzende Spieler einerseits, wenn er nicht aggressiv gestört wird, in Ruhe konstruktive Pässe spielen kann, andererseits durch das aggressive Stören die Gefahr des Umspieltwerdens und damit eines Überzahlangriffs zunimmt, wird folgendermaßen verfahren:

Phase 1: Der Abwehrspieler 01 versucht, den Angreifer X1 aggressiv zu stören. 02 sichert das Umspieltwerden von 01, indem er in einer rückwärts versetzten Position den Raum hinter 01 sichert.

Phase 2: Erfolgt ein Paß von X1 zu X2, wechseln die Aufgaben der Abwehrspieler.

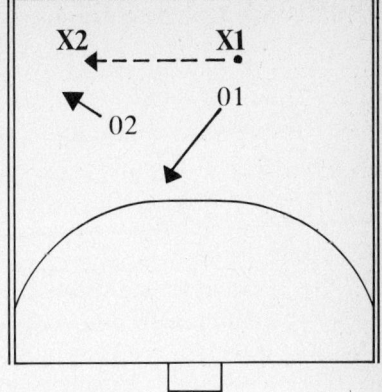

Phase 3: 02 stört X2, und 01 sichert.

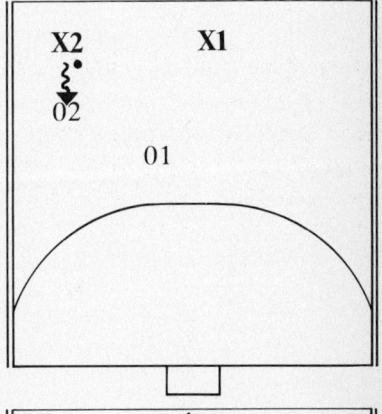

Übungsformen
Spiel 2:2 mit Mannschaftsgruppen auf spieltypischen Spielfeldräumen
1. Linksaußen (LA) und Angriffscenter (XM) gegen den rechten Verteidiger (RV) und den Abwehrcenter (0M).
2. Rechtsaußen (RA) und Angriffscenter (XM) gegen den linken Verteidiger (LV) und Abwehrcenter (0M).
- Aufgaben für die Angreifer:
  Den Ball in den Schußkreis führen.
- Aufgaben für die Abwehrspieler:
  Den Ball über die Mittellinie führen.

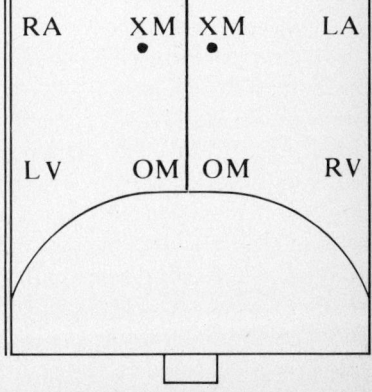

Mannschaftstaktik der Abwehr

Die Mannschaftstaktik der Abwehr wird bestimmt durch die Deckungsarten. Bei den Deckungsarten unterscheidet man:
Raumdeckung,
Manndeckung und
Raum-Mann-Deckung.

Die Deckungsarten verlangen unterschiedliche technische Fertigkeiten sowie konditionelle und taktische Fähigkeiten.
Die Manndeckung erfordert hohe konditionelle Fähigkeiten im Bereich der Ausdauer, Schnelligkeit und Schnelligkeitsausdauer, während die Raumdeckung größere Fertigkeiten in der Hockeytechnik wie Zweikampfstärke und Rückhandabwehr, verlangt.
Abhängig von der Formation und der Angriffstaktik des Gegners sollte eine Mannschaft alle Mannschaftstaktiken der Abwehr variabel nach den Erfordernissen der jeweiligen Spielsituation einsetzen können.

Raumdeckung

Bei der Raumdeckung hat jeder Spieler einer Mannschaft einen bestimmten Raum – vielleicht sollte man besser Streifen sagen – zu verteidigen.
Natürlich gilt auch hier der Grundsatz, daß jeder Abwehrspieler näher zu seinem Tor stehen muß als sein Gegenspieler. Der Angreifer wird nicht genau markiert, sondern lose gedeckt, so daß ein Anspiel jederzeit erfolgen kann.
Ein weiteres Merkmal der Raumdeckung ist, daß sich die raumdeckende Mannschaft in die eigene Hälfte zurückzieht, um das Spielfeld (den Raum) zu verkleinern und somit zu verengen. Die Spieler müssen besonders zweikampfstark sein und in der Abwehrtechnik besonders gut die tiefe Rückhandabwehr beherrschen. Diese Deckungsart ermöglicht eine konditionssparende Verteidigung, da ein Mitlaufen mit dem jeweiligen Gegenspieler nicht notwendig ist. Eine Mannschaft, die die Raumdeckung bevorzugt, wird in ihrem Angriffsverhalten den schnellen Konter bevorzugen.

Dem Ball nachrennen . . .

. . . dem Geld nachrennen. Ein Tor machen, Geld machen. Kräfte sparen, Geld sparen. Sportler leben sportlich, Sparer aber nicht spärlich.
Große Sprünge kann nur machen, wer Geld oder Kräfte in Reserve hat.

Pfandbrief und Kommunalobligation

Meistgekaufte deutsche Wertpapiere - hoher Zinsertrag - schon ab 100 DM bei allen Banken und Sparkassen

Verbriefte  Sicherheit

Manndeckung

Die Manndeckung verlangt, wie der Name es ausdrückt, die genaue Markierung jedes Angreifers durch seinen Abwehrspieler, und zwar so genau und eng, daß ein Anspielen des Angreifers durch seinen Mitspieler diesem aussichtslos erscheinen muß. Auch hier muß der Abwehrspieler immer näher zum eigenen Tor stehen als der Angreifer.
Die Manndeckung erfordert hohe Fähigkeiten im konditionellen Bereich, hier besonders in der Ausdauer, Schnelligkeit und Schnelligkeitsausdauer. Jede Bewegung des Angreifers muß mitgemacht werden, so daß sich dieser auch nicht durch Körpertäuschungen, schnelle Antritte über kurze Distanzen und Positionswechsel aus dem Deckungsschatten befreien kann.
Sinn dieser Deckungsform ist, dem Angreifer ein Abspiel zum Mitspieler von vornherein als undurchführbar zu verstehen zu geben und somit ein Dribbling zu provozieren, welches leichter zu unterbrechen ist. Diese enge Deckungsweise wird noch durch die Sperregel bevorteilt, da der Angreifer den Ball nicht mit dem Rücken zum Abwehrspieler wie beim Handball, Fußball oder Basketball annehmen noch diesen durch den Körper vor dem Angreifer abschirmen darf. Durch diese Regel kann ein konditionsstarker Abwehrspieler, der ja durch diese Regel stark bevorteilt ist, einige Schwächen in der Hockeytechnik ausgleichen, da er den Ball durch einen Regelverstoß des Angreifers erkämpfen kann. – Manndeckung wird von konditionsstarken Mannschaften bevorzugt.

Raum-Mann-Deckung

Die Raum-Mann-Deckung verzichtet in der gegnerischen Hälfte auf die konditionsfordernde Manndeckung. Die Stürmer decken den Raum, indem sie sich bis fast an die Mittellinie zurückziehen. In der eigenen Hälfte wird Manndeckung gespielt, das heißt, bei Eindringen eines Gegners in die eigene Spielfeldhälfte wird er sofort von seinem jeweiligen Gegenspieler manngedeckt.

Abwehr von Überzahlangriffen

Besondere Bedeutung innerhalb einer Mannschaftstaktik hat die Abwehr von Überzahlangriffen, bei der folgende Grundsätze gelten:
1. Den Angriff verlangsamen, damit die eigenen Spieler Zeit zum Zurücklaufen gewinnen und somit die Abwehr verstärken können. Der Gegner sollte zum Dribbling verleitet werden, da dieses zeitaufwendig ist.
2. Den Angreifer zu unüberlegten Zweikämpfen verleiten, die dem Verteidiger die Möglichkeit zur Abwehr geben. Hier ist besonders die begleitende Abwehr zu erlernen, die im richtigen Augenblick die Abwehrhandlung zuläßt.
3. Den Angreifer in Richtung der Bande abdrängen, da diese seine Angriffshandlungen einengt.
4. Da der Torschuß von rechts schwieriger ist als von der linken Seite, sollte der Verteidiger den Stürmer nach rechts abdrängen. Des weiteren kann der Torwart seine große Reichweite mit der Vorhand ausnutzen und somit seine Mitspieler unterstützen.

Folgende Situationen lassen sich unterscheiden:
Torwart : 1 Angreifer
Torwart : 1 Angreifer mit zurücklaufendem Abwehrspieler
Torwart : 2 Angreifer mit zurücklaufendem Abwehrspieler
Torwart mit 1 Abwehrspieler : 2 Angreifer
Torwart mit 2 Abwehrspielern : 3 Angreifer

Torwart : 1 Angreifer

Erkennt ein Torwart, daß ein einzelner Spieler mit Ball in den Schußkreis eindringen kann, läuft er diesem Spieler zur Schußwinkelverkürzung und zur Abwehr entgegen. In dem Moment, in dem der ballführende Angreifer die Schußkreislinie überläuft, muß der Torwart den Schußkreisrand erreicht haben, dann sein Tempo sofort stark verlangsamen bzw. ganz abstoppen, um auf einen Torschuß bzw. ein Umspielen reagieren zu können.

Der Torwart sollte so lange wie möglich im Stehen reagieren, da ein Torwart am Boden sehr unbeweglich ist und vom Angreifer leicht umspielt werden kann.

Übungsformen
(siehe Kapitel «Umspielen», Seite 156f)

Torwart: 1 Angreifer mit zurücklaufendem Abwehrspieler

Der zurücklaufende Spieler versucht, den ballführenden Angreifer als erster zu erreichen, zu stören, abzudrängen und vom Ball zu trennen. Gelingt dies nicht, muß der Torwart in der oben beschriebenen Weise dem Angreifer entgegenlaufen. Der zurücklaufende Abwehrspieler versucht nun, in eine Position zwischen Torwart und Tor zu gelangen, um hier einen gelungenen Umspielungsversuch des ballführenden Angreifers zu stoppen, bevor dieser zum Torschuß kommt.

Torwart: 2 Angreifer mit zurücklaufendem Abwehrspieler

Der zurücklaufende Spieler muß sich möglichst früh für das Verfolgen eines der beiden Angreifer entscheiden. Da das Abwehren von der rechten Seite leichter ist, sollte er sich nach Möglichkeit für den linken Angreifer entscheiden. Der Torwart läuft erst dann aus dem Tor heraus, wenn der ballführende Angreifer X2 in den Schußkreis einzudringen versucht, während der zweite Angreifer X1 durch den zurücklaufenden Abwehrspieler gedeckt ist.

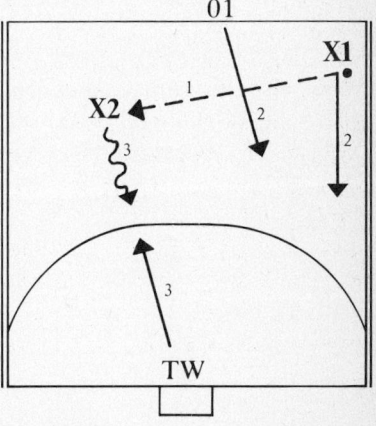

Torwart mit 1 Abwehrspieler : 2 Angreifer

Wichtigste Maßnahme beim 1:2 ist, die Aufgaben des Torwarts und des Abwehrspielers 01 so früh wie möglich festzulegen. Dabei gilt es, den ballführenden Angreifer der Torwart-Abwehr und den zweiten Angreifer dem Abwehrspieler 01 zu überlassen.

Phase 1: 01 versucht, X1 kurz hinter der Mittellinie so zu stören, daß dieser zu X2 passen muß.

Phase 2: Ab jetzt deckt 01 den Angreifer X1. Der Torwart läuft X2 entgegen.

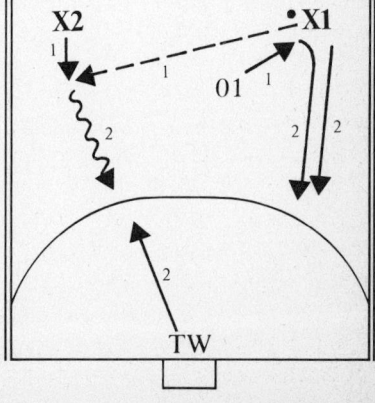

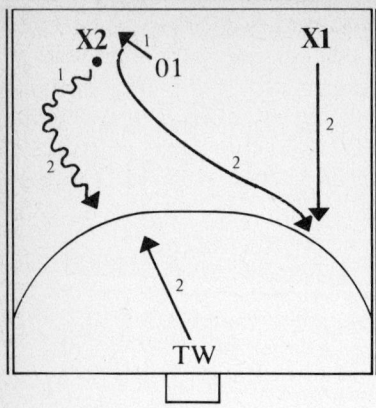

2. *Phase 1:* 01 versucht, X2 kurz hinter der Mittellinie so zu stören, daß dieser möglichst ein Umspielen durchführt.
Phase 2: 01 deckt wiederum X1. Der Torwart läuft X2 entgegen.
Hauptfehler: Der Abwehrspieler versucht, ständig den ballbesitzenden Angreifer zu stören, und versperrt damit dem Torwart die Möglichkeit, dem Angreifer den Schußwinkel zu verkürzen und eventuell zu einem Umspielen zu zwingen, wodurch die Abwehrchancen stark steigen können.

● Aufgaben des zurücklaufenden Spielers:
Der zurücklaufende Spieler verhält sich wie bereits in der Situation Torwart : 1 Angreifer mit zurücklaufendem Spieler beschrieben.

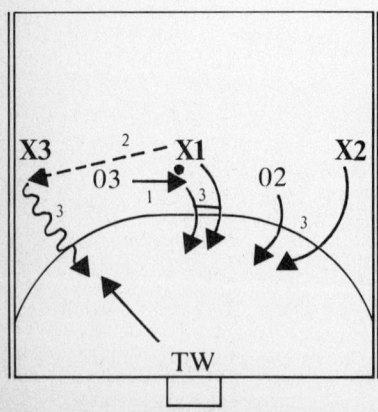

Torwart mit 2 Abwehrspielern : 3 Angreifer
1. Entsteht die Überzahl erst kurz vor dem Schußkreis, versucht der Abwehrspieler 03 so zu stören, daß X1 einen Paß zu X3 spielt. Damit ist dem Torwart bei einem Torschuß von der Rechtsaußenposition eine gute Abwehrmöglichkeit durch Schußwinkelverkürzung gegeben. Sofort mit dem Paß decken 02 X2 und 03 X1.

2. Entsteht die Überzahl schon kurz hinter der Mittellinie, wird wie beim Angriff 1:2 verfahren, das heißt, die beiden Abwehrspieler 02 und 03 decken jeder einen nichtballbesitzenden Angreifer, und der Torwart läuft dem dritten ballbesitzenden Angreifer bis zum Schußkreisrand entgegen. Da das Tor leer ist, müssen 02 und 03 so eng decken, daß ihren Gegenspielern eine Ballannahme nicht mehr möglich ist. Da die Abwehrversuche des Torwarts am Schußkreisrand Zeit kosten, bieten sie Gelegenheit, die Unterzahl in der Abwehr auszugleichen.

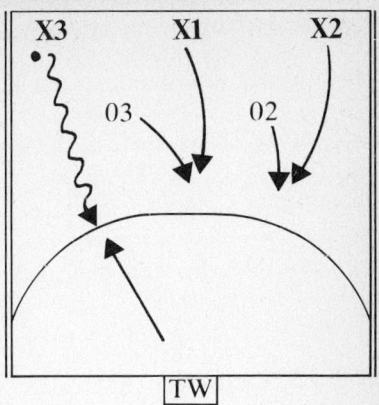

Übungsformen

Alle aufgeführten Überzahlangriffe und die dazugehörige Unterzahlabwehr lassen sich folgendermaßen trainieren:

Die Angriffe werden von der Schußkreislinie oder Mittellinie mit den genannten Überzahl- und Unterzahlverhältnissen begonnen und durchgespielt.

Um die Angriffsdauer zu verkürzen, kann man den Angreifern ein Zeitlimit setzen oder die entsprechende Anzahl von Abwehrspielern, die zur Vervollständigung der abwehrenden Mannschaft benötigt werden, von der Schußkreislinie oder der Torauslinie – bei Angriffsbeginn durch die Stürmer – mitstarten lassen.

Die Angreifer erhalten Punkte, wenn sie ein Tor erzielen, die Abwehrspieler erhalten Punkte, wenn sie eine korrekte Abwehr ausführen, die Angreifer das Zeitlimit überschreiten oder wenn die zurücklaufenden Abwehrspieler ihre Abwehr vervollständigen können und somit das Überzahlverhältnis aufheben, bevor ein Torschuß der Angreifer erfolgt.

Eckentaktik

Beim Hallenhockey sind die Ausführung und die Abwehr der Strafekken von spielentscheidender Bedeutung. Dementsprechend muß eine erfolgreiche Mannschaft über mehrere im Training einstudierte Ausführungs- und Abwehrvarianten verfügen, die je nach Spielsituation Anwendung finden.
Durch den möglichen ständigen Spielerwechsel bedingt, müssen die Varianten mit den dazugehörigen Aufgaben von verschiedenen Spielern trainiert werden.

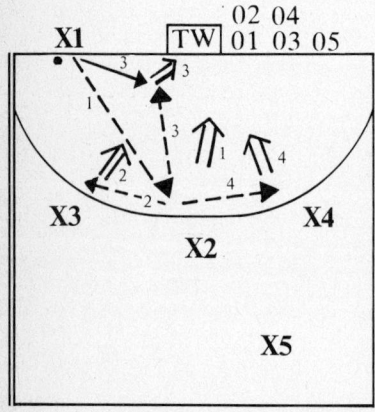

Ausführung der Strafecke

Standardausführung

Verfügt eine Mannschaft über keinen Hereingeber, der in der Lage ist, den Ball präzise zu einem Handstopper zu passen, oder fehlt in einer Mannschaft ein guter Handstopper, der harte und auch etwas ungenau hereingespielte Bälle sicher mit der Hand stoppen kann, so muß der von X1 hereingespielte Ball von X2 mit Schlägerstopp angenommen und danach so schnell wie möglich geschossen werden (1).

Als Variationen sind das Abspiel (2) zu einem links am Kreisrand stehenden Spieler X3, das Abspiel (3) zum Hereingeber X1 und das Abspiel (4) zu einem rechts am Kreisrand stehenden Spieler X4 möglich. Bei dieser Art der Ausführung von der linken Angriffsseite können die Spieler X3 und X1 ein Zuspiel sofort zum Torschuß verwerten.

Ausführung mit Handstopp

X1 spielt den Ball herein, X2 stoppt mit der Hand, und X3 schießt (1).
Als Variationen sind das Abspiel zu X4 (2), das Abspiel zum Hereingeber X1 (3) und das Abspiel zu X5 (4) möglich.

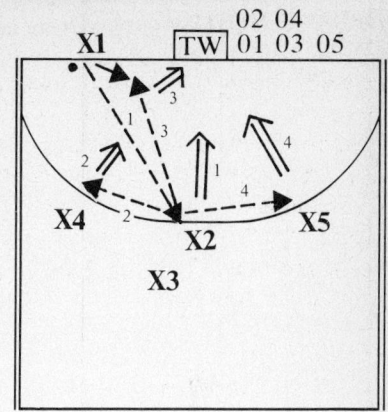

Ausführung der Strafecke von der rechten Angriffsseite

In selteneren Fällen wird die Ecke von der rechten Angriffsseite ausgeführt, obwohl die Abwehr dieser Ecken schwieriger ist, da die Abwehrspieler mit der Rückhand stören müssen. Der Nachteil der Ecken von rechts sind die weniger erfolgversprechenden Variationsmöglichkeiten.

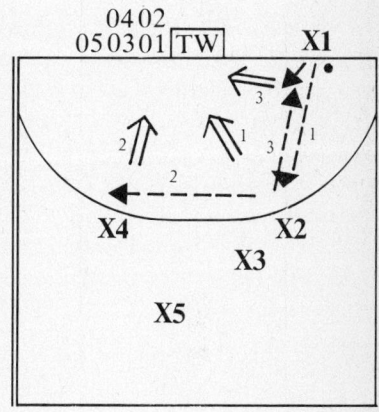

Bei der Entscheidung für eine Eckentaktik sollte eine Mannschaft grundsätzlich einige wenige Ausführungsformen so trainieren, daß sie von verschiedenen Spielern durchgeführt werden können.

Abwehr der Strafecke

Die wichtigste Entscheidung bei der Abwehr der Ecke trifft der Torwart, bevor die Abwehr Aufstellung nimmt.
Er kann
1. im Tor bleiben oder
2. dem Schützen entgegen aus dem Tor herauslaufen.

Diese Entscheidung ist unabhängig davon, ob der Gegner zu erkennen gibt, daß er Schläger- bzw. Handstopp anwenden will. In jedem Fall muß der Torwart seine Entscheidung den übrigen Spielern mittei-

len, ohne daß der Gegner Kenntnis davon erhält. Wichtig ist weiterhin, daß aus der Startaufstellung des Torwarts der Eckenschütze des Gegners keine Schlüsse über das folgende Abwehrverhalten des Torwarts ziehen kann.

Oberstes Prinzip bei der Abwehr der Strafecke ist, dem Torwart freie Sicht zu lassen, das heißt, möglichst keine Laufwege von anderen Abwehrspielern zwischen dem Schützen und dem Torwart festzulegen.

Primäre Aufgabe der Abwehrspieler ist, die Angreifer unter Zeitdruck zu setzen, damit sie zu unüberlegtem Handeln gezwungen werden. Die Aufgabe des Abfangens des Balls sollte dem durch die Schutzkleidung dafür ausgerüsteten Torwart vorbehalten bleiben.

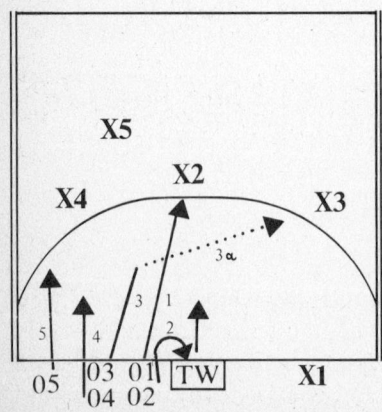

Abwehr der Standardausführung – Torwart im Tor

01 startet in Richtung auf X2 und versucht, diesen am Torschuß zu hindern.

02 macht einige Schritte ins lange Toreck, um den Torwart bei der Abwehr zu unterstützen.

03 läuft mit 01 gleichzeitig aus dem Tor heraus. Schießt X2 nach dem Stoppen des Balls in Richtung Tor, verbleibt 03 links neben 01 (Laufweg 3). Spielt X2 nach

Abwehr der Strafecke 205

dem Stoppen den Ball an X3 oder X1, hat 03 die Aufgabe, diese Spieler am Torschuß zu hindern (Laufweg 3a).
04 macht einige Schritte vor die Torauslinie und spielt die am Torwart abgeprallten Bälle aus dem Schußkreis und verhindert einen Torschuß von X4 nach erfolgtem Abspiel von X2 zu X4.
X5 läuft außerhalb des Kreises in eine günstige Konterposition.

Abwehr der Standardausführung – Torwart läuft heraus

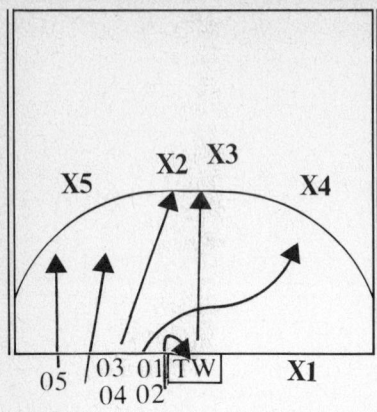

Der Torwart läuft heraus und deckt dabei vornehmlich das kurze Toreck. 01 läuft hinter dem Torwart nach rechts und behindert ein Abspiel von X3 zu X4 oder X1 bzw. hindert X4 oder X1 am Torschuß. 02 stellt sich ins lange Toreck zur Torschußabwehr. 03 startet mit dem Torwart und begleitet diesen und hindert den Schützen insbesondere an Torschüssen ins lange Toreck. Die Aufgaben von 04 und 05 bleiben die gleichen wie oben beschrieben.

Abwehr der Strafecke von der rechten Angriffsseite
Wegen der ungünstigen Störmöglichkeiten der herauslaufenden Abwehrspieler ist hier immer die Abwehr mit dem herauslaufenden Torwart sinnvoll.

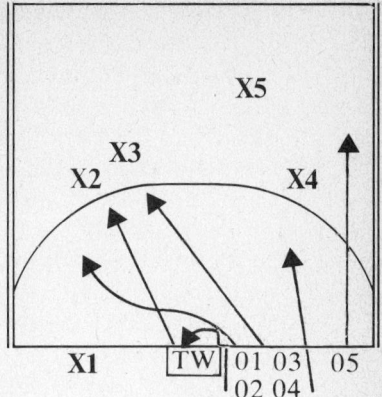

7-Meter-Ball

Bei einem 7-Meter-Ball wird die Zeit laut Regel angehalten, und somit muß die Ausführung nicht unter Zeitdruck vorgenommen werden. Als erstes ist genau zu überlegen, welcher Spieler, der sich im Spiel befinden muß, den 7-Meter-Ball ausführt. Es ist daher wichtig, daß mehrere Spieler einen Penalty beherrschen, damit nicht der Schütze per Zufall auf der Auswechselbank sitzt und kein anderer einen 7-Meter-Ball ausführen kann oder will. Ist ein Spieler bestimmt und ist er auch bereit, den Penalty auszuführen, so sollte er entschlossen zu Werke gehen. Da jeder Schütze gewisse Eigenarten entwickelt, muß man es ihm überlassen, wie er den Strafball ausführt.
Neben den verschiedenen Arten der Ausführung ist auch das Tempo entscheidend. Die einen schlenzen nach dem Anpfiff sehr schnell, um den Torwart zu überraschen, andere lassen sich wiederum mehr Zeit, um den Torwart zur ersten Bewegung zu verleiten. Da die Regel dem Torwart einen Stockfehler verbietet, ist für die Schützen ein hoher Ball auf die Schlägerseite beliebt, da dieser Schuß den Torwart vor ein schwieriges Abwehrproblem stellt.

Abwehr des 7-Meter-Balls durch den Torwart

Der Torhüter sollte die Stellung einnehmen, die die Fotos auf Seite 171 zeigen. In dieser Position ist er zu jeder Bewegung bereit und kann sehr schnell agieren.

Beim 7-Meter-Ball muß der Torwart den Schützen beobachten, um durch die Schlägerhaltung oder Schrittstellung einen Hinweis auf die Ausführung zu erhalten.

Ein guter Torsteher kennt die Eigenarten vieler Schützen. Dennoch sollte er nicht spekulieren, sondern sich ganz auf die Bälle konzentrieren, die haltbar sind. Sicherlich wird ein Torhüter, der spekuliert, den einen oder anderen sogenannten unhaltbaren Ball abwehren; aber er wird auch Bälle passieren lassen, die ungenau oder nicht mit genügender Härte geschossen sind, welche er ohne Spekulation gehalten hätte. Hier muß sicherlich jeder Torwart für sich selbst eine Entscheidung treffen.

Was die Stockfehlerregel anbetrifft, so sollte jeder Torhüter auch das Umgreifen des Schlägers üben, damit er einen hohen Ball auf seiner rechten Seite mit der rechten Hand regelgerecht abwehren kann (vgl. Bildreihe unten).

Timing im Spiel

Unter Timing versteht man die richtige Spielgeschwindigkeit zum richtigen Zeitpunkt in einem Wettspiel. Es ist einzusehen, daß das Spieltempo in einer Begegnung von ausschlaggebender Bedeutung sein kann. Will eine Mannschaft den Gegner unter Druck setzen, so wird sie ein hohes Tempo anschlagen, damit dieser keine Möglichkeit erhält, zum eigenen Spiel zu kommen. Naturgemäß wird die gegnerische Mannschaft versuchen, das Spieltempo zu verlangsamen, damit sie sich vom Druck befreien und ihr eigenes Spiel und Spieltempo aufbauen kann. Dies kann man wohl als Grundsituation ansehen.

Sicherlich hängt das Spieltempo noch von anderen Faktoren und auch von der taktischen Einstellung einer Mannschaft ab. Da kaum eine Hallenmannschaft über zwölf gleichwertig starke Spieler verfügt, sondern innerhalb eines Teams ein Spielstärkengefälle besteht, muß eine Mannschaft in einem Wettspiel auch das Spieltempo variieren. Durch die Wahl des richtigen Spieltempos und dem richtigen Zeitpunkt eines Wechsels kann eine Partie entschieden werden.

Insofern hängt das richtige Timing einmal stark von der konditionellen Verfassung der Spieler ab; zum anderen spielt die taktische Marschroute eine wichtige Rolle. So kann eine Mannschaft ihre Angriffe langsam aufbauen mit vielen Quer- und Rückpässen – dadurch wird der Gegner eingeschläfert –, um dann mit einem schnellen Wechsel des Spieltempos zu hoher Geschwindigkeit den Gegner zu überraschen.

Beginnt ein Team ein Hallenspiel mit hoher Spielgeschwindigkeit, so muß sie den richtigen Zeitpunkt wählen, um das Tempo zu verlangsamen und später dann wieder zu steigern.
Die Erfahrungen der Hallenbundesliga haben einige wichtige Erkenntnisse in dieser Hinsicht gebracht:
1. Keine Hallenmannschaft kann ein hohes Spieltempo von der ersten bis zur letzten Spielminute durchspielen, da es keine Mannschaft mit zwölf gleichwertig starken, vor allem konditionsstarken Spielern gibt.
2. Das Timing im Spiel, vor allem der Wechsel des Spieltempos zum richtigen Zeitpunkt, ist eine taktische Maßnahme, die unter keinen Umständen vernachlässigt werden darf.
3. Da jede Mannschaft nach einem anderen taktischen Grundplan spielt, muß sie das Timing im Spiel in ihre Überlegungen sorgfältig einbeziehen.
4. In jeder guten Hallenmannschaft gibt es einen Spieler, der über ein gutes Gefühl für das Spieltempo verfügt, um zum taktisch richtigen Zeitpunkt einen Wechsel des Spieltempos durchzuführen.
5. Mannschaften, die nur ein einziges Spieltempo ohne Timing im Spiel durchspielen können, sind leicht auszurechnen und durch taktische Gegenmaßnahmen des Gegners leicht verwundbar.

Spielerwechsel

Dem Spielerwechsel kommt im Hallenhockey eine wichtige Bedeutung zu. Ein guter Wechsel im richtigen Augenblick kann ein Spiel entscheiden. Man sollte nur dann auswechseln, wenn der Ball die eigene Toraußenlinie überschritten hat. Da der Ball im Besitz der eigenen Mannschaft ist, kann man hier in Ruhe wechseln. Ist dies nicht möglich, so muß man auch dann den Mut zum Wechsel haben, wenn der Ball die gegnerische Außenlinie überschritten hat. Dieser Wechsel muß sehr schnell vollzogen werden, da der Gegner im Ballbesitz ist und weiterspielen kann. – Wichtig ist auch der Umstand, ob man Stürmer oder Verteidiger wechseln will, und ob man nur einen oder mehrere Spieler austauschen möchte. Grundsätzlich werden in der Bundesliga keine kompletten Mannschaften ausgewechselt, sondern nur Teile einer solchen, damit der Spielfluß nicht unterbrochen wird.
Bei den heutigen hohen Anforderungen im Hallenhockey sollte ein

Spieler nach 10 bis 12 Minuten ausgetauscht werden. Mit dem Spielerwechsel ist oft auch ein Wechsel der Spieltaktik und des Tempos notwendig.
Auch ein taktischer Wechsel ist oft sinnvoll, um einem Spieler eine neue Aufgabe zu erklären. Die Möglichkeiten, die sich durch einen Wechsel anbieten, werden jedoch nicht immer genügend genutzt.

Spielbeobachtung

Jeder Trainer sollte sich einen Spielbeobachtungsbogen erstellen, um das Verhalten der eigenen und das der gegnerischen Mannschaft zu beurteilen.
Dabei ist zu unterscheiden, ob man eine Mannschaft oder nur einen einzelnen Spieler genau unter die Lupe nimmt.
Bei einer Mannschaftsbeobachtung sollten folgende Gesichtspunkte berücksichtigt werden:
  Welche Formation spielt das Team?
  Welche Taktik wird angewendet?
  Welche Deckungsart wird bevorzugt?
  Ecken und Eckenvariationen
  Freischlagvariationen
  Herausragende Spieler, Spielerpersönlichkeiten und ihre Eigenarten
  Spieltempo
  Technische Fertigkeiten
  Konditionelle Fähigkeiten
  Schwächen
Bei der Beobachtung eines einzelnen Spielers sollte festgehalten werden:
  Technik
  Kondition
  Taktisches Verhalten
  Einzelspieler oder Mannschaftsspieler
  Eckenschütze, Schütze des 7-Meter-Balls
  Spielmacher; besonders gefährlicher Torjäger

Bei der Spielbeobachtung sollte man alles zusammentragen, was einem auffällt, um daraus seine Schlüsse zu ziehen. Ein mehrmaliges Beobachten ist natürlich ergiebiger als ein einmaliges.

Auswertung der eigenen Mannschaft

Die Auswertung soll Schwächen aufzeigen, aber auch auf Stärken des Teams hinweisen. Des weiteren können Hinweise auf die Gestaltung des Trainings gegeben werden, wenn eklatante Fehler aufgetreten sind. Hier können zum Beispiel Fragen beantwortet werden wie: War die Eckenausbeute gut oder schlecht? Haben die einstudierten Freischlagvariationen geklappt oder nicht?

Es ergeben sich somit konkrete Anhaltspunkte, wie durch gezieltes Training die Gesamtleistung des Teams zu verbessern ist.

Auswertung des Gegners

Die Beobachtung des gegnerischen Verhaltens soll seine Schwächen und Stärken aufdecken. Kennt man diese, so kann man die eigene Mannschaft entsprechend vorbereiten und einstellen. Die Wahl der richtigen Taktik wird positiv beeinflußt. Des weiteren kann man die Spieler auf Besonderheiten hinweisen und auf diese mit Gegenmaßnahmen reagieren. Diese Beobachtung kann auch die Mannschaftsaufstellung beeinflussen, da man die richtigen Gegenspieler für besonders gute Gegner aussuchen kann.

Taktik, Formation und Deckungsart werden dadurch insgesamt positiv beeinflußt. Vor allem kann sich jeder Spieler auf sein Gegenüber einstellen und ist somit vor Überraschungen weitgehend sicher.

Anhang

Anschriften

Deutscher Hockey-Bund e. V.
Gegr.: 31. 12. 1909 in Bonn
Wiedergegr.: 10. 12. 1949 in Köln

DHB Geschäftsstelle
Guts-Muths-Weg 1
5000 Köln 41
Tel.: 0221/488584

DHB-Jugendsekretariat:
Guts-Muths-Weg 1
5000 Köln 41
Tel.: 0221/488748

Präsidium
Präsident: Jürg Schaefer
Blanchardstr. 16
6000 Frankfurt/M.
Tel.: 0611/6661280
oder 6666921 gesch.
0611/778658
oder 06198/7300 priv.

Vizepräsident: Eberhard Nöller
Thomas-Mann-Str. 47
5300 Bonn 1
0228/653716

Vizepräsident: Reinhard Krieg
Paulsborner Str. 65
1000 Berlin 33
030/8249574 priv.
030/4572885 gesch.

Schatzmeister: Hanns-Jörg Winzer
in BEWAG-Einkaufsleitung
Stauffenbergstr. 26
1000 Berlin 30
030/2673186 gesch.

Bundessportwart:
Dr. Hugo Budinger
Stüttgerhofweg 8
5000 Köln 40
Tel.: 0221/488612 gesch.
481784 priv.

Damenwartin: Ulrike Diehl
Ludwig-Bamberger-Str. 12
6500 Mainz
06131/121 gesch. 85185 priv.

Jugendwart: Walther Lonnes
Krurstr. 8
4040 Neuss 1
Tel.: 02101/525282 gesch.
25646 priv.

Vorsitzender des Schiedsrichter- und Regelausschusses:
Heinrich Joachim Wöltje
Lister Platz 1
3000 Hannover
Tel.: 0511/620940

Obmann für Öffentlichkeitsarbeit: Werner Delmes
Auf dem Hügel 41
5000 Köln 41
0221/493620 priv.
0221/5722285 gesch.

Schulhockeyreferenten im DHB

Baden
Jürgen Stemmler
Fichten Weg 1
6906 Leimen
Tel.: 06224/71369

Bayern
Günter Herms
Straußstr. 1
8232 Bayrisch-Gmain
Tel.: 08651/3417

Berlin
Astrid Freyer
Am Volkspark 79
1000 Berlin 31
Tel.: 030/8531468

Bremen
Hartmut Köhler
Eislebener Str. 71
2800 Bremen
Tel.: 0421/462983

Hamburg
Klaus Schneegaß
Sieker Land Str. 14
2000 Hamburg 73
Tel.: 040/6775497

Hessen
Günter Leo
Schützenhüttenweg 28
6000 Frankfurt 70
Tel.: 0611/685434

Niedersachsen
Otbert Krüger
Berner Str. 7
3300 Braunschweig
Tel.: 0531/336144

Rheinland-Pfalz
Gernot Gottwald
Holbeinstr. 19
6550 Bad Kreuznach
Tel.: 0671/63478

Saarland
Rüdiger Bonner
Im Schacht 11
6600 Saarbrücken 2
Tel.: 06 81/4 85 09

Schleswig-Holstein
Bernhard Aßmann
Mühlenweg 5
2371 Bredenbeker Moor
Tel.: 04334/878

Westdeutschland
Donald Raider
Kaarster Weg 5
4000 Düsseldorf 11
Tel.: 0211/59 28 04

Württemberg
Josef Mahlberg
Wolfstr. 47
7123 Sachsenheim 1
Tel.: 071 47/35 00

Literaturhinweise

BUDINGER, H.: Hockey Teil I: Technik. – Drei-Kronen-Druck: Hürth 1969.
ders.: Hockey Teil II: Taktik. – Drei-Kronen-Druck: Hürth 1971.
BUDINGER, H./W. HILLMANN: Hockey – Methodische Übungs- und Spielreihen. – Deutsche Sporthochschule: Köln 1975.
DIETRICH, K./G. DÜRRWÄCHTER/H. J. SCHALLER: Die großen Spiele. – Putty: Wuppertal 1976.
HARRE, D.: Trainingslehre. – Sportverlag: Berlin 1975.
HOLLMANN, W./TH. HETTINGER: Sportmedizin, Arbeits- und Trainingsgrundlagen. – Schattauer: Stuttgart/New York 1976.
LETZELTER, M.: Trainingsgrundlagen. – Training, Technik, Taktik. – Rowohlt: Reinbek 1978 (= rosport 7024).
MEINEL, K.: Bewegungslehre. – Sportverlag: Berlin 1966.
RIEDER, H.: Die Bewegungsgeschicklichkeit. – In: H. Rieder/E. Hahn: Psychomotorik und sportliche Leistung. Schorndorf 1976.
SMITH, J. M./PH. A. ROBSON: Hockey Historical and Praktical. – Innes: London 1899.
ZACIORSKIJ, V. M.: Die körperlichen Eigenschaften des Sportlers. – Beiheft zur Zeitschrift Theorie und Praxis der Körperkultur 17 (1968).

Über die Verfasser

Dr. Hugo Budinger (Jahrgang 1927) (*Foto links*) ist Leiter der Trainerakademie Köln und Dozent an der Deutschen Sporthochschule Köln. Als Verfasser mehrerer Lehrbücher sowie Filme und als langjähriger Spieler – 59 Länderspiele, mehrfacher Olympiateilnehmer (1956 Bronzemedaille) – und Trainer der deutschen Hockey-Nationalmannschaft gilt er auch im internationalen Hockey als Experte.

Wolfgang Hillmann (Jahrgang 1952) (*Foto Mitte*) ist aktiver Spieler beim Feld- und Hallenbundesligisten Schwarz-Weiß Köln. Mit dieser Mannschaft wurde er 1976 Deutscher Feldhockeymeister. Als Lehrer im Institut für Sportspiele an der Deutschen Sporthochschule Köln beschäftigt er sich mit dem Hockeyspiel im Breiten-, Schul- und Leistungssport.

Wolfgang Strödter (Jahrgang 1948) (*Foto rechts*) ist Absolvent der Trainerakademie Köln. Er zählt zu den erfolgreichsten Nationalspielern des Deutschen Hockey-Bundes. Er nahm mehrmals an Olympischen Spielen, Weltmeisterschaften und Europameisterschaften teil und ist seit 1980 Bundestrainer der Damennationalmannschaft und der Juniorinnen.

Sachregister

Abfangen des Balls 159
Abschlag 190 ff
Abwehrreaktionen 86
Abwehr, begleitende 158 ff
Abwehrtaktik 110 ff, 177, 194 ff
Abwehrtechniken 74 ff, 157 ff
Abwehrwellen 119
Anbieten 96
Angriffsaktionen 86
Angriffstaktik 177
Anhalten des Balls 45 f, 128
Athletiktraining 27 ff
Ausdauer 27, 29 ff
–, aerob und anaerob 35
Ausdauertraining 29 ff

Bälle 37
Ballannahme 59 f, 132 ff
Ballannahmearten 133
Ballführung 17, 43 ff, 128 ff
Ballführungsarten 130 f
Bandy 10 f
Bereitschaftsstellung 76
Beweglichkeit 27, 32 f
Beweglichkeitstraining 32 f
Bewegungsabläufe, azyklische 35
Bewegungsgewohnheiten 105
Bewegungsmelodie 58

Dauermethode 29
Deckungsarten 110 ff, 196 ff
Deckungsraum 94
Defensivtaktik 183, 184
DHB (Deutscher Hockey-Bund) 12
Doppelpaß 97 ff, 181
Drehgriff 45, 129

Dreierkette 114
Dreierlauf 76 f
Drei-Schritt-Rhythmus 58
3-2-3-2-System 106

Eckentaktik 116 ff, 202 ff
Einzelangriffe 56

FIH (Fédération Internationale de Hockey) 37
Flexibilität 35
Formationen 114 ff, 177 ff
Freilaufen 85, 89 ff, 178, 181
Freischläge 192 f
5-3-2-System 106

Gemeinschaftshandlungen 95
Gewandtheit 27, 34
Gewandtheitstraining 34
Grobform 79
Grundaufstellung 106
Grundschulung 81
Gruppentaktik 177, 181 f, 194 f

Halbkreisformation 107
Hallenbälle 126 f
Hallenschläger 126
Handabwehr 174
Handstopper 202, 203
Hebeball 50, 70 f, 165
Herausspielen des Balls 158 f
Hereingeber 202
Hockeystock, 45-Grad-Winkelstellung 43, 64, 65
Hurling 10

IHB (International Hockey Board) 11

Indisches Dribbling 48 ff, 129, 130 f
Intervallmethode 29
Intervalltraining 29

Jahresplan 23 ff
Jugend trainiert für Olympia 14

Kappan 10
Keulenunterkante 55
Kicken 172
Kraft 27 ff
Kraftausdauer 27
Krafttraining 27 f
Körpertäuschungen 69, 81, 178
kognitiv 39
Kombinationsspiel 59, 95 ff, 181
Konterangriff 184
Kontern 100
Koordination 35, 42
Kurze Ecke 116 ff
Kurzpaßspiel 107

Läufer 106
Lange Ecke 120 ff
Lernen, motorisches 40
Lernschrittverfahren 73, 81
Libero 114
Linie, innere 112
Linienformation 109
Linkskurve 46 f

Manndeckung 97, 196, 197
–, lose 108
Mannschaftssysteme 106 ff
Mannschaftstaktik 177, 183 ff, 196 ff
Mini-Hockey 40 f
Mittelfeldspieler 72

Offensivtaktik 183, 184 f

Pässe, verdeckte 69
Passen 50 ff, 132 ff
Paßkombinationen 98 f
Periodisierung 23 ff
Peripheres Sehen 87
Polospiel 9
Positionsangriffe 103 ff, 183, 190 ff
Powerplay 183, 185

Querpässe 97

Raumdeckung 110 ff, 196
Raum-Mann-Deckung 196, 197
Rechtskurve 47
Reichweite 79
Rhythmuslauf 49
Rückhandabwehrschlag 77 f
Rückhandballannahme 59 f, 146 ff, 150 ff
Rückhandquerpaß 67
Rückhandschiebepaß 54 ff, 135, 139, 140

Schieben 17, 50
Schiebeball 161
Schienenabwehr 172
Schläger 36 f
Schlägerabwehr 172
Schlägerstopp 202
Schlagen 50
Schlaggriff 48
Schlenzball 161 ff
Schlenzen 50, 72 ff
Schnelligkeit 27, 31 f
Schnelligkeitstraining 31 f
Schnellkraft 27
Schrägpässe 97

Seitführen 44, 132
Seitstellung 113
Shinty 10
7-Meter 122 f, 207 f
Sichern 194 f
Slalomlauf 48
Sperren 19, 178
Sperregel 113
Spielauswertung 212
Spielbeobachtungsbogen 211 f
Spielertypen 86, 106
Spielerwechsel 210 f
Spielkombinationen 86
Spielmacher 114
Spielreihen 17
Spieltempo 209
Stationstraining 29 f
Stechen 76 f, 166
Steilpässe 97, 99
Stellungsspiel 170 f
Stockfehlerregel 61
Stocktäuschungen 69, 81, 178
Stören 194 f
Stoppen 17, 50 ff
Strafecke, Abwehr der 203 ff
–, Ausführung der 202 f
Streifenordnung 111
Stürmer 106

Taktik 85 f
–, individuelle 86, 95, 177, 178 ff, 194
–, kollektive 86, 95
«technische Meisterschaft» 39 f
Tempospiel 96
Timing 50, 209 f
Torschußarten 161 ff, 167
Torsicherung 110
Torwartausrüstung 170

Torwarttechnik 170 ff
‹totes Stoppen› 120
Trainingsinhalte 16
Trainingsintensität 23
Trainingsmethoden 16
Trainingsmittel 16
Trainingsplanung 15 f
Trainingsumfang 23
Trainingsziele 15 f

Übergangsperiode 26
Überzahlangriff, 100 ff, 183, 185 ff, 198 ff
–, Abwehr von 198 ff
Übungsreihen 21 f
Umspielen 17, 78 ff
– mit Hilfe der Bande 154 f
Unterzahlabwehr 201

Verteidiger 106
4-2-3-1-System 107
Vorbereitungsperiode 23, 26
Vorhandabwehrschlag 74 f
Vorhandballannahme 59 f, 144 f, 150 ff
Vorhand-Rückhand-Dribbling 48 ff, 129, 130 f
Vorhandschiebepaß 51, 53, 56 ff, 133 f, 136 ff, 140
Vorhandseitführen 43 ff, 128 f

Wettkampfperiode 23, 26
W-Formation 108, 109
WM-Formation 106, 108

Zuspiel 17
Zuspielarten 132
Zuspiel mit Hilfe der Bande 142
Zweierkombinationen 97 ff
Zwischenetappe 26

Ballsport

Training
Technik
Taktik

H. W. Niesner/J. H. Ranzmayer
Badminton (7042)

Lothar Waldowski
Basketball (7023)

Günter Hagedorn/Dieter Niedlich/
Gerhard J. Schmidt
Basketball-Handbuch (7624)

Gero Bisanz/Gunnar Gerisch
Fußball (7039)

Hans-Dieter Trosse
Handball (7004)

H. Budinger/W. Hillmann/W. Strödter
Hockey (7035)

Norbert Auste
Konditionstraining Fußball
Übungen und Programme (8605)

Conny Hasselbach/Niels Härtel
Squash
Offizielles Lehrbuch des DSRV (7040)

Klaas Bohlens
Tennis (7006)

Klaas Bohlens/Rainer Hamann
Tenniskurs (7022)

H. Harst/H. Giesecke/J. Schlaf
Tischtennis (7013)

Günter Blume
Volleyball (7011)

Erich Christmann/Klaus Fago
Volleyball-Handbuch
Offizielles Lehrbuch des DVV (7640)

Sport · Fitness · Gesundheit

Ulrich Jonath
Circuittraining (7625)

Karl-Peter Knebel
Funktionsgymnastik (7628)

Ulrich Jonath/Rolf Krempel
Konditionstraining (7038)

Helga und Manfred Letzelter
Krafttraining (7621)

Ulrich Jonath (Hg.)
Lexikon Trainingslehre (7638)

Friedrich Schwope
Sportmassage (8625)

Peter Markworth
Sportmedizin 1 (7049)

Hans-Uwe Hinrichs
Sportverletzungen (8604)

Johannes Mende
Körpertraining (8612)

Heinz Meusel
Sport ab 40 (8619)

John Syer/Christopher Conolly
Psychotraining für Sportler (8614)

Wilfred Holloway/Jörg Mumme
Orientierungslauf (8609)

Jürgen Freiwald
Prävention und Rehabilitation im Sport (8626)

C 2330/3

Bücher für Wintersportler

Walter Brehm
Skifahren (8602)
**Skifahren für Kinder
und Jugendliche** (7026)
Skigymnastik (8649)

Manfred Vorderwülbecke
Skilanglauf (7002)

Hubertus Müller
Eltern-Skibuch (8638)

Eugen Gebhardt u. a.
Trickskifahren (7027)

Karl-Peter Knebel
Funktionsgymnastik (7628)

Johannes Mende
Körpertraining (8612)

Hans-Uwe Hinrichs
Sportverletzungen (8604)

Gustav Harder/Dieter Elsner
Bergsport-Handbuch (8606)

Andreas Gams
Ski-Fitness (8633)

Walter Kuchler
Die neue Skitechnik (8680)